Nicole Glocke/Edina Stiller
Verratene Kinder

Nicole Glocke / Edina Stiller

VERRATENE KINDER

Zwei Lebensgeschichten
aus dem geteilten Deutschland

Ch. Links Verlag, Berlin

Die im Text mit* gekennzeichneten Namen wurden aus persönlichkeitsrechtlichen Gründen geändert.

Die Deutsche Nationalbibliothek verzeichnet diese
Publikation in der Deutschen Nationalbibliographie;
detaillierte bibliographische Daten sind im Internet
über www.dnb.de abrufbar.

2., erweiterte Auflage, März 2014
© Christoph Links Verlag GmbH, 2003
Schönhauser Allee 36, 10435 Berlin, Tel.: (030) 44 02 32-0
www.christoph-links-verlag.de; mail@christoph-links-verlag.de
Umschlaggestaltung: Ch. Links Verlag,
unter Verwendung eines Fotos von Shutterstock (60437521)
Satz: Marina Siegemund, Berlin
Druck und Bindung: cpi books GmbH, Leck

ISBN 978-3-86153-790-8

Inhalt

Der Übertritt

Am 18. Januar 1979 gelang Werner Stiller, Oberleutnant des Ministeriums für Staatssicherheit, im zweiten Anlauf die Flucht in die Bundesrepublik Deutschland. Mit sich trug er zwei Koffer, in denen sich geheime, hoch informative Unterlagen befanden, die unter anderem zur sofortigen Verhaftung von 17 Westagenten des MfS führten. Mindestens 15 weitere Agenten flohen aus Furcht vor ihrer Enttarnung in die DDR.

Noch am gleichen Abend wurde in Berlin die Familie Stillers – seine Ehefrau und die beiden Kinder – durch Mitarbeiter des MfS von ihrer Umwelt isoliert, mit rigidem Kontaktverbot belegt und wenige Tage später an einen anderen Ort verbracht.
Der Verrat Stillers traf sie vollkommen unvorbereitet.

Zehn Tage später erfolgte im Ruhrgebiet durch das Bundeskriminalamt eine Hausdurchsuchung bei der ahnungslosen Familie des durch Stiller enttarnten MfS-Agenten Karl-Heinz Glocke, langjähriger Spion in den Rheinisch-Westfälischen Elektrizitätswerken (RWE). Er befand sich zu der Zeit auf einer Dienstreise; die Vermutung, er habe sich bereits in die DDR absetzen können, erwies sich als unrichtig. Glocke wurde am darauffolgenden Tag an seinem Arbeitsplatz verhaftet.
Zurück blieben seine Ehefrau und zwei Kinder.

Die Väter

Werner Stiller

Geboren 1947 in Weßmar als unehelicher Sohn einer geschiedenen Landarbeiterin; zwei Schwestern. 1966 Abitur; 1966–71 Studium an der Karl-Marx-Universität in Leipzig, Diplom-Physiker. 1967 Eintritt in die SED; 1970 Heirat; 1970 Werbung als IM des Ministeriums für Staatssicherheit; 1971 Mitarbeiter der Physikalischen Gesellschaft der DDR; 1972 Einstellung beim MfS, Hauptverwaltung Aufklärung (HVA), Sektor Wissenschaft und Technik; 1976 Oberleutnant; Spionage für den Bundesnachrichtendienst; 1979 Übertritt in die Bundesrepublik Deutschland; 1979 Scheidung (in Abwesenheit), zwei Kinder.
1980 USA; mit neuer Identität 1981 Studium an der Washington University of St. Louis, Master of Business Administration; dann Tätigkeit als Börsenmakler in New York; 1983 London; 1990 Rückkehr nach Frankfurt (Main); 1993 Immobilienhändler in Leipzig, danach in Budapest tätig, wo er noch heute lebt.

Karl-Heinz Glocke

Geboren 1934 in Herne als ältester Sohn einer Bergarbeiterfamilie; zwei Schwestern. Volksschule; Lehre als Maschinenschlosser; arbeitet in diesem Beruf bis 1963. Heirat 1959; zwei Kinder. Besuch der Technikerschule, 1964 Abschluß als Maschinenbautechniker; 1964–1969 Studium an der Freien

Universität Berlin, Diplom-Soziologe. 1971 Eintritt in die CDU; Anwerbung als Agent des Ministeriums für Staatssicherheit; Tätigkeit als Personalreferent und Personalleiter in verschiedenen Firmen; nebenberuflich Lehrbeauftragter für Sozialpsychologie an der Fachhochschule Hagen; ab 1976 bis zu seiner Verhaftung 1979 Leiter der Personalwirtschaft bei den Rheinisch-Westfälischen Elektrizitätswerken. 1980 wegen geheimdienstlicher Agententätigkeit zu einer Freiheitsstrafe von zwei Jahren und neun Monaten verurteilt; lebt im Ruhrgebiet.

Die Töchter

Edina Stiller

Das erste Wiedersehen 1990

Das plötzliche Rucken reißt mich aus meinen verworrenen Träumen. Was ist passiert? Ich spüre, wie der Zug langsamer rollt. Sind wir schon da? Das kann nicht sein. Laut Fahrplan sollen wir um drei Uhr in Frankfurt ankommen. Jetzt ist es erst zwei. Als ich aufstehe, um den Zugbegleiter zu fragen, ruckelt es ein wenig, und der Zug fährt wieder an. Erleichtert kehre ich zu meinem Platz zurück. Ich drehe meinen Kopf zum Fenster und sehe die herbstliche Landschaft mit zunehmender Geschwindigkeit an mir vorbeirauschen und nehme sie doch nicht wahr.

Meine Empfindungen schwanken wieder zwischen Erwartung und Zweifel. Wie wird er sein, dieser Mann, der sich Peter Fischer nennt und mein Vater ist und über den ich erst vor kurzer Zeit die Wahrheit erfahren habe, die mir noch immer unfaßbar erscheint? Wie wird er aussehen? Werde ich ihn erkennen? Wird er mich erkennen? Ich war ja noch ein Kind, als er uns verließ. Warum hat meine Mutter mir auch die Wahrheit erzählen müssen, nachdem ich jahrelang so gut wie möglich versucht hatte, die Lüge zu akzeptieren? Warum hat sie mich nicht in dem Glauben lassen können, daß er mit einer zehn Jahre älteren Kellnerin durchgebrannt war und nichts mehr mit uns zu tun haben wollte? Jetzt weiß ich, daß er ein durch seine Republikflucht bekannt gewordener und beruflich erfolgreicher Mann ist, der die ganze Welt gesehen hat. Bestimmt stellt er sehr hohe Erwartungen an mich, die ich gar nicht erfüllen kann. Dabei will ich doch, daß er mich akzeptiert und stolz auf mich ist ...

»Wir erreichen gleich den Hauptbahnhof Frankfurt!« tönt es schließlich in meine Gedanken hinein. Der Zug kommt zum Stehen. Ich richte aufgeregt mein Haar, nehme meinen Koffer und steige aus dem Zug. O Gott, so viele Leute! Am Ende des Bahnsteigs erblicke ich einen Mann, der auf jemanden zu warten scheint. Das kann nur er sein. Und tatsächlich: Er kommt auf mich zu, er hat denselben leicht schaukelnden Gang wie ich und lächelt mir ein wenig unsicher entgegen. Ich versuche, mir meine Aufregung nicht anmerken zu lassen, um nicht gleich einen ungünstigen Eindruck zu machen. Selbstbewußtsein ist nicht gerade meine Stärke. Plötzlich ist der Mann bei mir und nimmt mich in seine Arme. Liebe und Abwehr durchströmen gleichzeitig meinen Körper. Was tut er da, ich kenne ihn doch gar nicht, und dennoch verspüre ich für einen kurzen Moment ein Gefühl der Zusammengehörigkeit. Er läßt mich los, und wir sehen einander an. So klein habe ich ihn mir gar nicht vorgestellt, aber er hat ein sympathisches Äußeres. Besonders gut gefallen mir seine wachen, jungenhaften braunen Augen.

Als erstes fragt er mich, ob es mir gut gehe und wie mir die Zugfahrt gefallen habe. Ich antworte etwas Belangloses und hoffe, daß es nicht allzu dumm klingt. Er nimmt meinen Koffer, wir gehen zu seinem Auto, steigen ein, und er sagt, daß ich ein hübsches Mädchen sei. Na ja, was soll er auch anderes sagen. Meine Angespanntheit will nicht nachlassen, mir liegen so viele Fragen auf der Zunge, aber ich bekomme einfach den Mund nicht auf. Auch der Mann, der so nah neben mir sitzt und mein Vater sein soll, schweigt. Ich blicke stumm auf die Leuchtreklamen, die vielen Cafés und die hohen Frankfurter Häuser. In meine Gedanken hinein sagt er mir, daß er mich erst einmal bei sich absetzen und dann noch einmal in die Bank fahren müsse. Damit habe ich nicht gerechnet, aber ich hoffe, daß er sich danach Zeit für mich nehmen wird.

Der Wagen hält vor einem Haus, und ich mag meinen Augen kaum trauen. Ich fühle mich in eine andere Welt versetzt. Eine Nobelvilla steht neben der anderen, umgeben von gepflegten Gärten. Aus der DDR kenne ich vor allem diese ewig gleichen Plattenbauten. Ich kann mich an keine Wohngegend erinnern, die in ihrer Exklusivität dieser hier auch nur entfernt geähnelt hätte. In seiner Wohnung erlebe ich die nächste Überraschung. Dafür, daß hier nur eine Person lebt, erscheint sie mir überdimensional groß. Das Wohnzimmer wirkt durch die spärliche und ohne die in der DDR übliche Schrankwand sehr luxuriös, es stehen dort lediglich ein edler Tisch, eine Couch, Sessel, eine CD-Anlage, und an den Wänden hängen ein paar dekorative Bilder. Die Stimme meines Vaters reißt mich aus meinem Staunen. Er stellt meinen Koffer in das Eßzimmer, sagt im Vorbeigehen, daß er sich beeilen werde, und ist auch schon weg.

Zumindest habe ich jetzt die Möglichkeit, mir die Wohnung genauer anzuschauen. Das Bad ist riesengroß und rundum gefliest, im Schlafzimmer befinden sich ein sehr schönes Doppelbett und eine große Schrankwand, die ich auch gleich öffne. Da hängen, perfekt gebügelt, lauter Anzüge mit Markennamen wie Joop und Boss. Schließlich entdecke ich die Speisekammer und bin begeistert. Sie ist angefüllt mit Dingen, die ich noch nie gesehen habe. Ich nasche ein wenig, in dem Moment klingelt es an der Wohnungstür. Zögernd öffne ich, und vor mir steht eine Frau wie aus dem Filmmagazin. Sie ist klein, zierlich, mit rehbraunen Augen in einem ebenmäßigen Gesicht, die dunklen Haare zu einem Knoten zusammengefaßt, und erinnert mich an Pam aus *Dallas*. Sie schaut mich genauso überrascht an wie ich sie und fragt nach Peter Fischer. Ich antworte ihr, daß er noch einmal in die Bank gefahren sei, und schon ist sie in der Wohnung und sagt, daß sie auf ihn warten werde. Sie setzt sich im Wohnzimmer in einen Sessel, mustert mich kurz, und dann schweigen wir uns an. Zum Glück läßt mein Vater tatsächlich nicht lange auf sich warten. Ich höre, wie er die Tür aufschließt, und sofort beginnen er und diese fremde Frau eine heftige Diskussion in englischer

Sprache. Sie scheinen vergessen zu haben, daß ich im Zimmer bin. Leider reicht mein Schulenglisch nicht aus, um zu verstehen, worum es geht. Endlich bemerken sie, daß ich auch noch da bin. Mein Vater macht uns flüchtig miteinander bekannt und schlägt vor, irgendwo etwas essen zu gehen. Wir fahren in einen Biergarten, und kaum daß wir uns an einen der langen Holztische gesetzt haben, führen die beiden ihren Streit fort. Zwischendurch stellen sie mir ein paar belanglose Fragen und wenden sich dann sofort wieder einander zu. Diese Frau ist mir unsympathisch. Das ist mein Vater, möchte ich ihr am liebsten sagen, er gehört mir! Nach einer mir endlos erscheinenden Zeit verabschiedet sie sich, wir fahren zurück in die Wohnung, und ich bin froh, ihn endlich für mich zu haben.

Das sei seine amerikanische Ehefrau, erzählt er mir unterwegs, und es werde aufgrund einiger unüberwindlicher Diskrepanzen wahrscheinlich bald zur Scheidung kommen. Er holt Wein, und wir setzen uns in das Wohnzimmer. Er fragt mich nach meiner schulischen Vergangenheit aus und warum ich eine solche Lehre gewählt habe und findet es komisch, daß gerade ich als seine Tochter Chiffreur bei der NVA geworden bin. Er fragt nach meinem Bruder, nach meinem Verhältnis zu ihm und zu meiner Mutter und nach meinen Beziehungen zu Männern. Ich antworte auf viele Fragen reserviert und bleibe die ganze Zeit gehemmt.

Obwohl mich der Tag sehr erschöpft hat, kann ich lange nicht einschlafen. Mir ist das Herz so voll, und viele Gedanken schießen mir durch den Kopf. Dieser Mann ist zwar mein Vater, aber er ist mir auch fremd. Ob sich mit der Zeit eine Nähe einstellen wird?

Ich bin gespannt auf den kommenden Tag, doch am Morgen erklärt mir mein Vater, daß er leider keinen Urlaub bekommen habe und wieder in die Bank müsse. Ich bemühe mich, mir meine Enttäuschung nicht anmerken zu lassen. So habe ich mir unser erstes Zusammensein nach über zehn Jahren wirklich nicht vorgestellt. Hätte er nicht wenigstens für die kurze Dauer meines Besuches Urlaub nehmen können? Er gibt mir etwas Geld, erklärt mir den Weg ins Zentrum, verspricht, daß er sich beeilen werde, und geht.

Traurig frühstücke ich allein und beschließe, mir etwas Schönes zu kaufen, vielleicht wird es mir dann besser gehen. Trotz des Reichtums und des Prunks, den diese Stadt ausstrahlt, bemerke ich an vielen Ecken Bettler und sonstige heruntergekommene Gestalten. Das kannte ich aus der DDR nicht. Ich will das Elend nicht sehen und wende mich den Auslagen in den Geschäften zu. Was es in Cottbus oder Ost-Berlin zu wenig gab, ist hier in verschwenderischem Überfluß vorhanden. Nach einer Weile fühle ich mich wie erschlagen. Dann schaffe ich es aber doch noch, für mich etwas Passendes zum Anziehen zu erstehen, und mache mich auf den Rückweg. Wider Erwarten ist mein Vater doch schon da. Er hat eingekauft und ist dabei, für uns zu kochen. Es berührt mich, ihn in der Küche hantieren zu sehen, und ich bin überrascht, wie gut er kochen kann.

Der Abend und die drei folgenden Tage verlaufen dann etwa in der gleichen Weise. Er geht jeden Tag in die Bank, abends besuchen wir ein Restaurant oder er kocht selbst. Er fragt nach Einzelheiten aus meinem Leben und dem unserer Familie und erzählt von sich, seiner Flucht, die ihn um Haaresbreite vor seiner Verhaftung rettete, dem aufregenden Leben mit der neuen Identität, seiner Arbeit, seinen Reisen und den Frauen. Zwischendurch erkundigt er sich fortwährend nach meinem Wohlbefinden und versucht mich mit lustigen Anekdoten aus seiner Vergangenheit zum Lachen zu bringen. Schließlich ist es auch für ihn nicht einfach, sich plötzlich auf eine fast erwachsene Tochter einzustellen, und ich mache es ihm bestimmt auch nicht leicht. Ich weiß, daß ich manchmal ziemlich reserviert auf andere Menschen wirke und sie deswegen Schwierigkeiten haben, mit mir umzugehen. Gerade bei Menschen, die mir auf die eine oder andere Art sehr wichtig sind, schaffe ich es nur schwer, mich zu öffnen, und bei ihm fällt es mir besonders schwer, weil ich nicht weiß, was er von mir erwartet. So frage ich auch nicht weiter nach den Gründen für seinen damaligen Weggang.

Beim Abschied bin ich einerseits traurig, mir ist, als hätte ich etwas Wichtiges versäumt und als sei mir zugleich etwas Wesentliches vorenthalten worden, denn eine wirkliche Nähe zu ihm ist nicht entstanden. Andererseits fühle ich aber auch so etwas wie Erleichterung. In seiner Gegenwart empfinde ich ständig ein Gefühl der Minderwertigkeit, spüre den Druck, ihm gefallen zu wollen und seinen Anforderungen zu entsprechen.

Natürlich ist es unmöglich, in der kurzen Zeit des ersten Wiedersehens ein Vertrauensverhältnis aufzubauen, aber während der Zug langsam aus dem Bahnhof rollt, fühle ich bereits die Unsicherheit in mir hochsteigen, ob uns dies nach den langen Jahren der Trennung überhaupt noch gelingen kann.

Nicole Glocke

Das Schlüsselerlebnis 1999

Nie hätte ich gedacht, daß es so leicht sein würde, in Berlin eine Wohnung zu finden. Schon die zweite Wohnungsbesichtigung hatte sich als Erfolg erwiesen. Mein neues Zuhause lag direkt am See und war viel gemütlicher und größer als meine alte Wohnung in Bonn. Zwar wollte ich eigentlich nicht mehr im Erdgeschoß wohnen, aber der See hatte mich fasziniert, und eines war mir klar: Eine derartig schöne Lage würde ich so schnell nicht wieder finden.

Trotzdem freute ich mich überhaupt nicht auf Berlin. Ich empfand die Stadt teilweise als häßliche und vergangenheitsbeladene Steinwüste, ihre Größe erschien mir unheimlich, und ich fühlte mich in ihr verloren. Bonn hingegen war ein kleines, ruhiges und überschaubares Städtchen. Aber was hätte ich tun können? Ich arbeitete als wissenschaftliche Mitarbeiterin bei einer Bundestagsabgeordneten und hatte mich bei der Einstellung verpflichtet, nach Berlin zu ziehen. Jeden Tag verfluchte ich den Beschluß des Bundestages, den Parlamentssitz hierherzuverlegen. Andererseits, so meine Überlegung, hatte der Umzug auch etwas Gutes. Er bot die Möglichkeit, alles hinter sich zu lassen und weit weg von meiner Familie und meiner Heimatstadt im Ruhrgebiet ein völlig neues Leben zu beginnen – trotz allen Abschiedsschmerzes und aller Bedenken.

Nach zwei Tagen war ich mit dem Auspacken der unzähligen Umzugskisten und dem Einrichten meiner neuen Wohnung fertig. Ich freute mich, noch ein paar Tage freizuhaben, weil sich der Büroumzug etwas verzögerte, ging täglich im See schwimmen und genoß die Sonne. Ich fühlte mich im Grunewald wohl. Die Ruhe hier tat mir gut.

Eines Abends, als ich wieder schwimmen gehen wollte, stand ein Mann auf dem Steg. Ich schätzte ihn auf etwa 50 Jahre. Er wirkte etwas verloren und schaute mich unsicher an. Wir stellten uns gegenseitig als neue Nachbarn vor, sprachen über etwas Belangloses, und ich beendete das Gespräch mit einem Sprung ins Wasser. Als ich wiederkam, stand er noch an derselben Stelle, blickte mich an, und ich wußte nicht, wie ich reagieren sollte. Ich beschloß, nicht auf ihn zu achten, und ging in meine Wohnung.

Am nächsten Abend stand er wieder auf dem Steg. Weil ich gerade dabei war, meine Wäsche aufzuhängen, begrüßte ich ihn nur kurz. Er schwärmte von seiner Dachterrasse und lud mich ein, sie zu besichtigen. Ich spielte Freude vor, insgeheim aber dachte ich, daß ich nicht hingehen würde, weil ich Gesprächspartner in meinem Alter suchte.

Ein paar Tage später änderte ich meine Meinung: Ich war neu in der Stadt und kannte niemanden, so daß ich die Abende allein verbrachte. Daher schellte ich eines Nachmittags doch bei meinem neuen Nachbarn und berief mich auf seine Einladung. Er schien sich zu freuen und bat mich zu sich herein. Im ersten Augenblick dachte ich, ich wäre in einem Haus aus Goethes Zeiten. Antike Möbel verliehen der Einrichtung etwas Düsteres, an den Wänden hingen Bilder, die Szenen aus der Zeit der preußischen Könige darstellten, und dann die vielen Uhren: Standuhren, kleine Uhren, große Uhren. Und alle gingen sie falsch. So also leben die Berliner, ging es mir spontan durch den Kopf. Wir stiegen auf die Dachterrasse. Sie war wirklich sehr schön, eine so große und mit Pflanzen stilvoll geschmückte Dachterrasse hatte ich noch nie gesehen. Der Ausblick über den Grunewald war überwältigend. Die Blätter spiegelten sich im Sonnenlicht, und die Dächer boten einen bizarren Anblick: spitze Dächer und flache Dächer, solche mit bogengeschmückten Dachfenstern und imitierten Fachwerkfassaden, mit Mansarden und Erkern.

Ich sagte zu meinem Nachbarn, daß es sich während der Sommermonate hier bestimmt herrlich feiern ließe. Das bestätigte er. Während der achtziger Jahre hätten hier tatsächlich viele Partys stattgefunden, alle Sitzplätze seien besetzt gewesen, aber diese Zeiten seien vorbei und nicht mehr wiederbelebbar. Was das denn für Zeiten gewesen seien, wollte ich wissen, aber er antwortete nicht. Dafür sprach ich um so mehr. Ich erzählte, daß ich bald Geburtstag hätte, am 7. Oktober, und äußerte meine Hoffnung, bis dahin neue Bekannte kennengelernt zu haben. Da hatte doch auch die DDR Geburtstag, sagte er, und konnte es gar nicht glauben. Ich selbst habe nie daran gedacht, schließlich war ich völlig westlich sozialisiert. Ich wechselte das Thema und erzählte, daß mein Büro im früheren DDR-Justizministerium in der Dorotheenstraße, früher Clara-Zetkin-Straße, sei. Da staunte er erneut. Sein Vater sei in diesem Gebäude während der fünfziger Jahre tätig gewesen, und zwar für die Justizministerin Hilde Benjamin, bevor er sich dann selbständig gemacht habe. Ob ich eigentlich wisse, wem ich gegenüber säße. Klar, lautete meine Antwort, das stehe doch auf seinem Klingelschild: Manfred Vogel. Ob ich denn nicht wisse, wer sein Vater sei, fragte er weiter. Ich dachte im ersten Moment an Hans-Jochen Vogel, aber der hatte bekanntlich nicht für Hilde Benjamin gearbeitet. Dasselbe galt für Bernhard Vogel. Damit blieb als einzige prominente Person dieses Namens nur noch Wolfgang Vogel übrig. Ja, bestätigte mein Nachbar, Wolfgang Vogel sei sein Vater, der Wolfgang Vogel, der den Agentenaustausch auf der Glienicker Brücke, den Freikauf der politischen Häftlinge und die Ausreise von DDR-Bürgern organisiert hatte.

Ich weiß bis heute nicht, was nach diesen Worten mit mir geschah. Plötzlich nahm ich Manfred Vogel und meine Umwelt nur noch verschwommen wahr. Eine Dunkelheit legte sich um mich, und dann sah ich gar nichts mehr. Es gelang mir nur noch zu sagen, daß wir aufgrund unserer Väter eigentlich gut zusammenpaßten. Vogel wollte wissen, was ich damit meinte, und ich stammelte, daß ich es ihm nicht erzählen könne, weil es halt nicht gehe und weil ich noch nie darüber gesprochen hätte. Dann sagte ich nichts mehr. Als die Stille ihm zu lang wurde, ging er in sein Haus.

Ich aber sah mich als neunjähriges Kind im dunklen Flur meiner elterlichen Wohnung stehen, die von Polizeibeamten in Zivil durchsucht wurde. Einzelne Wortfetzen wie Spionage, Staatssicherheitsdienst und Gefängnisstrafe drangen in mein Ohr. Dinge, die ich nicht kannte, die mir Angst machten und mit denen ich mich später nie auseinandergesetzt, die ich über 20 Jahre in mir verborgen und über die ich nie mit jemandem gesprochen habe. Meine Mutter wollte dies so, und irgendwann habe ich ihren Wunsch verinnerlicht.

Manfred Vogel kam zurück und fing eine unverfängliche Unterhaltung an. Ich aber wollte nach Hause gehen. Er begleitete mich zur Tür, und ich hatte den Eindruck, daß er fürchtete, ich würde nicht mehr wiederkommen.

Ich lag die halbe Nacht wach und fühlte in mir ein inneres Fieber aufsteigen. Ich hatte mich so gefreut, über 500 Kilometer entfernt von meiner Familie zu leben, und plötzlich wurde ich mit deren Geschichte in einer Weise konfrontiert, die mir unheimlich war. Die Psychologie hatte doch recht: Alles, was verdrängt wird, kehrt eines Tages wieder. Irgendwann schlief ich ein und träumte von Bonn. Am nächsten Tag rief ich meinen Kollegen an und meldete mich krank. Es war das erste Mal, daß ich wegen privater Konflikte nicht zum Dienst fähig war.

Zwei Überlegungen gingen mir durch den Kopf: Zunächst stellte ich mir die Frage, ob es mir gelingen würde, meinem Nachbarn als erstem Menschen überhaupt von meinem Vater zu erzählen, ob ich mich befreien könnte von einem traumatischen Erlebnis, das ich seit 20 Jahren in mir trug. Ich war davon überzeugt, daß, wenn ich diese einmalige Chance zur Auseinandersetzung nicht ergriff, ich nie wieder eine bekommen würde. Zum anderen dachte ich viel über die Begriffe Zufall und Schicksal nach. In der Schule hatte ich den Satz aufgeschnappt, daß der Zufall der Deckname des Schicksals sei. Wie auch immer dieser Satz zu deuten ist, Max Frisch hat meiner Meinung nach die beste Antwort auf diese Frage gegeben: Das Verblüffende, das Erregende jeden Zufalls und jeder zufälligen Bekanntschaft besteht darin, daß das eigene Gesicht klarer wird. Der Zufall zeigt einem Menschen an, wofür er zur Zeit aufnahmebereit ist, kein Mensch erlebt Zufälle, die nicht speziell zu ihm gehören. Für mich hieß das, daß die Zeit gekommen war, mich intensiv mit der Biographie meines Vaters und deren Folgen für mich auseinanderzusetzen.

Edina Stiller

Ich habe viel geweint und immer wieder nach ihm gefragt

Wir wohnten damals mit meinem Vater im Berliner Stadtteil Johannisthal, im Sterndamm 34. Ich sehe den für DDR-Zeiten typischen unscheinbaren Wohnblock noch heute vor mir. Unsere Wohnung lag im Erdgeschoß, in der Mitte. Sie bestand aus einem Wohnzimmer, einem Schlafzimmer, einer Küche und einem Bad und war für eine dreiköpfige Familie ziemlich eng bemessen. Einige Mitbewohner des Hauses sind mir im Gedächtnis geblieben. Links neben uns wohnten die Linders. Sie waren ein älteres, freundliches Ehepaar, und die Frau hatte stets Bonbons in ihrer Schürzentasche, von denen sie mir immer welche gab, wenn wir uns sahen. In der Wohnung rechts neben uns lebten die Meiers. Sie hatten einen etwa 14jährigen Sohn, Lutz, den ich damals sehr mochte, und eine etwas jüngere Tochter. Bei feierlichen Anlässen waren wir oftmals bei ihnen. Am schönsten waren die Kindergeburtstage, die wir mit vielen Spielen verbrachten. Eines gefiel mir besonders gut. Wir saßen in der Runde und würfelten der Reihe nach. Wer eine Sechs hatte, konnte ein Stück Westschokolade nach dem anderen essen, bis er bei der nächsten gefallenen Sechs abgelöst wurde. Ich würfelte immer ganz schnell und war voller Ungeduld, bis ich wieder an die Reihe kam. Ich beneidete stets die Kinder, die in der Schule voller Stolz Süßigkeiten und neues Spielzeug von ihrer Westverwandtschaft präsentierten. Wir hatten keine Westverwandtschaft, aber von seiten meiner Mutter, die eine gebürtige Ungarin ist, einige Verwandte in Ungarn. Einmal im Jahr sind wir regelmäßig zu meinen Großeltern gefahren, wo ich dann Spielzeug und schöne Kinder-kleidung bekam, an die in der DDR nicht zu denken gewesen war. Für uns stellte zur damaligen Zeit Ungarn den »Westen« dar.

Am liebsten mochte ich den Sohn der Familie Fraß. Seine Eltern waren ein lustig anzusehendes Paar. Der Vater, über 1,80 Meter groß, mit dunklem Haar und einer Brille, über-ragte seine wasserstoffblondgefärbte Frau um mindestens zwei Köpfe, obwohl sie immer hochhackige Schuhe trug. Ihr Sohn Jörg war in meinem Alter und damals mein bester Freund. Ich habe zwei Erinnerungen an ihn: Wir gingen beide in die erste Klasse und mußten unsere Jacken immer auf den Schulflur vor dem Klassenzimmer an die dafür vorgesehenen Haken hän-gen. Da wir uns wieder einmal gestritten hatten und ich ihm eins auswischen wollte, entwendete ich ihm 50 Pfennig aus seinem Portemonnaie, das in der Jacke steckte. Von dem Geld kaufte ich mir Süßigkeiten und stellte mir sein entgeistertes Gesicht vor, das er machen würde, wenn er den Verlust seines Geldes entdeckte. Als ich nach Hause kam, stand mein Vater schon in Position und ließ ein ziemliches Donnerwetter über mich ergehen. Mein lieber Freund hatte geahnt, daß ich ihm das Geld weggenommen hatte, und mich verpetzt. Ich habe ihn dafür verabscheut und nicht einsehen wollen, daß meine Tat Diebstahl gewesen war. Danach war für einige Zeit erst einmal Funkstille zwischen uns.

Meine zweite Erinnerung an Jörg ist völlig anders: Eines Nachmittags haben wir uns mit einem weiteren Jungen hin-ter das Müllhäuschen gestellt, uns die Hosen heruntergezo-gen und mit Stöckchen an uns herumgespielt. Wir fanden das lustig und dachten uns nichts weiter dabei, doch ein an-derer Junge hat uns beobachtet und es unseren Eltern erzählt. Ich glaube, das war das erste und letzte Mal, daß mein Vater mir den Hintern versohlte, und ich konnte überhaupt nicht verstehen, warum meine Eltern sich derartig darüber aufreg-ten.

In den Kindergarten bin ich gern gegangen. Er lag genau gegenüber unserem Wohnblock auf der anderen Straßenseite. Das Gebäude ähnelte einer länglichen Baracke, an die sich im hinteren Bereich ein großer Platz zum Spielen anschloß. Für meine Mutter war es sehr erleichternd, daß sie nur den Sterndamm zu überqueren brauchte, denn frühmorgens war sie meistens unter Zeitdruck. Die Kindergärtnerinnen unternahmen viel mit uns. Im Sommer zum Beispiel, wenn es sehr heiß war, stellten sie ein großes Schwimmbassin auf, in dem wir gruppenweise planschen konnten. Wir hatten immer großen Spaß.

An meinen Vater habe ich eine Erinnerung, die mich mein Leben lang verfolgt hat. Es muß tief in der Nacht gewesen sein, als mich lautes Geschrei aus dem Schlaf riß. Ich schlich vorsichtig zur Wohnzimmertür, und als ich schließlich den Mut gefunden hatte, sie zu öffnen, sah ich, wie mein Vater meine Mutter schlug. Ich stürzte mich zwischen die beiden und schrie meinen Vater an, daß er meiner Mutter nicht weh tun solle. Mein Vater hat daraufhin das Zimmer fluchtartig verlassen, meine Mutter lag auf der Couch, weinte und sagte mir, daß es nicht so schlimm sei und ich mir keine Sorgen machen solle. Aus heutiger Sicht denke ich, daß es Erwachsenen oftmals nicht bewußt ist, wie feinfühlig Kinder auf Konflikte reagieren und wieviel sie wirklich mitbekommen. Diese Szene wird mir immer im Gedächtnis bleiben. Meine Mutter hatte am nächsten Tag ein blaues geschwollenes Auge, und mein Vater ist mit mir in den Vergnügungspark im Plänterwald gefahren. Wir saßen uns in einer Gondel auf dem Riesenrad gegenüber, und er versuchte, mir den nächtlichen Vorfall zu erklären. Er konnte mir dabei nicht richtig in die Augen sehen. Er sagte mir, daß Menschen, die sich eigentlich lieben, auch manchmal streiten und dabei eine Situation mitunter außer Kontrolle geraten kann. In diesem Moment empfand ich ihn als einen Fremden und habe ihn dafür gehaßt, daß er mich dazu gebracht hatte, so zu empfinden.

Damals konnte ich das Ausmaß dieser Situation natürlich nicht einschätzen. Aber dieser Vorfall hat zum Teil mein späteres Männerbild geprägt. Als ich über zehn Jahre später von dem Übertritt meines Vaters in den Westen erfuhr, erzählte mir meine Mutter, daß sie in jener Nacht einen Koffer mit Dollarnoten in der Wohnung gefunden hatte. Sie wollte daraufhin den Vorgesetzten meines Vaters informieren. Mein Vater, der damals aufgrund seiner ständigen Angst vor der Enttarnung nervlich fast am Ende gewesen war, hatte die Kontrolle über sich verloren und sie geschlagen. Danach hatte er sich mit seiner Dienstpistole in sein Auto gesetzt und war weggefahren, um sich zu erschießen. Angeblich aber sei keine Kugel mehr in dem Magazin gewesen. Meine Mutter versichert mir heute noch, daß mein Vater sie weder vorher noch nachher jemals tätlich angegriffen hat. Das glaube ich ihr.

Leider fehlen mir sonst viele Erinnerungen an meinen Vater. Meine Mutter sagt heute, daß er mir immer ein sehr guter und fürsorglicher Vater gewesen sei. Wenn er zu Hause war, was vor allem in der letzten Zeit vor seinem Übertritt immer seltener vorgekommen sei, habe er jede freie Minute mit mir verbracht. Ich hätte ihn als Kind wahnsinnig geliebt. Aber diese Gefühle muß ich wohl tief in meinem Innern begraben haben. Nach seinem Übertritt, als ich glauben mußte, meinen Vater nie wiederzusehen, hat die Verdrängung bei mir wahrscheinlich schon eingesetzt.

Mit der Familie unternahmen wir viel. Ich kann mich kaum an Wochenenden erinnern, an denen wir nur zu Hause vor dem Fernseher gesessen hätten. Wir sind regelmäßig zum Mittagessen nach Altglienicke in die Fischgaststätte gefahren, was bei den heutigen Gaststättenpreisen undenkbar wäre. Zum Erstaunen meiner Eltern und der Bedienung konnte ich bereits als kleines Kind ohne weiteres eine große Forelle verputzen. Was das Essen betraf, hatte meine Mutter weder mit mir noch mit meinem Bruder Schwierigkeiten. Sie erzählt mir oft, daß vor mir nichts sicher gewesen sei, ich hätte alles in den

Mund gesteckt, und dementsprechend hätte ich als kleines Kind auch ausgesehen.

Meine Eltern gingen mit mir oft in den Tierpark, ins Kino und zu kulturellen Veranstaltungen. Unsere Urlaube verbrachten wir fast immer an der Ostsee. Ich liebte es, den Strand entlangzulaufen, Ausschau zu halten nach seltenen Steinen und Muscheln und die für mich riesigen Wellen der Ostsee zu überspringen. Das waren für mich Momente des vollkommenen Glücks. In der Weihnachtszeit war es in der DDR üblich, daß die Betriebe der Eltern für die Kinder eine Weihnachtsfeier veranstalteten. Meine Mutter arbeitete damals als Chemotechnikerin in der Akademie der Wissenschaften in Berlin-Adlershof und nahm mich immer zu diesen Feiern mit. Sie waren sehr lustig, und wir Kinder waren stets aufgeregt und voller Vorfreude, besonders deshalb, weil jedes Kind einzeln vor den Weihnachtsmann treten mußte und nach dem Singen eines Weihnachtsliedes oder dem Aufsagen eines Gedichtes ein Geschenk aus dem riesengroßen Sack in Empfang nehmen durfte.

Kurz vor dem Übertritt meines Vaters veränderte sich unsere familiäre Situation spürbar. Mein Vater war kaum noch zu Hause, und meine Mutter litt sehr darunter. Sie wußte zwar von seiner Geliebten, ahnte aber nicht, welches Ziel zum Lebensinhalt meines Vaters geworden war: die Flucht in den Westen. Er trank in dieser Zeit sehr viel, war ruhe- und rastlos und wegen der ständigen Angst vor seiner Enttarnung oft äußerst gereizt. Es kam immer häufiger zu Streitigkeiten, und meine Mutter dachte manches Mal an Trennung, brachte es aber nie über ihr Herz, weil sie meinen Vater nach wie vor sehr liebte. Später hat sie mir erzählt, daß sie zwischen meiner Geburt und der meines Bruders ein weiteres Mal schwanger gewesen sei, diese Schwangerschaft jedoch aufgrund der Ratschläge von Freunden und Bekannten, die um die bereits damalige Zerrüttetheit der Ehe wußten, abgebrochen habe. Traurig hat mich das eigentlich nicht gemacht, weil ich mir sagte, daß es, wenn sie nicht abgetrieben hätte, heute vielleicht meinen Bruder nicht gäbe. Ihn hat sie trotz erneuten Abratens bekommen, um die Ehe zu retten. Mein Vater wollte ihn nicht, aber von seiten meiner Mutter war er ein Wunschkind, und sie hat sich, Gott sei Dank, durchgesetzt. Als meine Mutter wegen Entbindungskomplikationen im Krankenhaus lag, lieferte mich mein Vater bei meiner Großmutter ab, um sich mit seiner Geliebten eine schöne Zeit zu machen, wie meine Mutter bis heute glaubt. Kann sein, daß die beiden zu dieser Zeit bereits ihre Fluchtplanung betrieben.

Als mein Bruder Andreas schließlich am 13. Februar 1978 geboren wurde, hat mein Vater sich dennoch für die kurze Zeit, die er noch bei uns war, rührend um ihn gekümmert. Ich bin froh darüber, daß mein Bruder damals noch zu klein war, um den Fortgang meines Vaters bemerken zu können. So sind ihm die Gefühle des Verlassenwerdens, der Einsamkeit und Enttäuschung erspart geblieben, weshalb er im Umgang mit unserem Vater heute vorbehaltloser und unbefangener ist als ich.

Den Tag, an dem mein Vater uns verließ, habe ich nur bruchstückhaft in Erinnerung. Den genauen Ablauf kenne ich nur aus den späteren Erzählungen meiner Mutter. Am 18. Januar 1979 ist er, wie an jedem anderen Tag auch, sehr früh aufgestanden, um sich für die Arbeit fertigzumachen. Das zumindest glaubte damals meine Mutter. Sie war ebenfalls früh wach und beobachtete, wie mein Vater meinen Bruder und mich liebevoll streichelte und zudeckte. Danach ist er nochmals zu ihr ans Bett getreten, um ihr zu sagen, daß er sie liebe, woraufhin sie sich abgewandt hat. Den Abend zuvor hatten sie einen ziemlich heftigen Streit gehabt, und sie war deshalb noch sehr böse auf ihn. Heute sagt sie, es sei das Schlimmste überhaupt, mit jemandem, den man liebt, im Streit auseinanderzugehen, ohne die Möglichkeit zu haben, sich auszusprechen und die Dinge zu klären. Aber wie hätte sie ahnen können, daß sie ihn für viele Jahre nicht wiedersehen würde.

Am Abend, meine Mutter saß gerade mit Lockenwicklern in der Badewanne – sie wollte zu einer Veranstaltung nach Berlin-Adlershof –, klingelte es an der Wohnungstür. Weil meine Mutter nicht so schnell aus der Wanne steigen konnte, habe ich geöffnet. Zwei Männer standen vor der Tür. Ich lief zu meiner Mutter ins Badezimmer und berichtete ihr aufgeregt, daß da zwei fremde Onkel seien. In dem Moment erinnerte sie sich daran, daß mein Vater irgendwann zu ihr gesagt hatte, daß, wenn er einmal einen Unfall hätte, zwei Männer vor der Tür stehen würden, um es ihr mitzuteilen. Mit diesem Gedanken ist sie schließlich zur Tür gegangen. Die beiden Männer sagten ihr erst einmal nicht, was passiert war. Statt dessen stellten sie ihr die ganze Nacht hindurch Fragen über meinen Vater, wahrscheinlich um herauszubekommen, ob sie von seinen Plänen wußte. Zuvor war noch eine Frau dazugekommen, wohl als seelischer Beistand für meine Mutter. Es wurde ihr verboten, Telefongespräche entgegenzunehmen oder bei eventuellem Läuten der Türklingel zu öffnen.

Am nächsten Morgen, es war gegen elf Uhr und meine Mutter war gerade dabei, meinen kleinen Bruder zu stillen, klingelte es. Erneut stand ein ihr unbekannter Mann vor der Tür. Er wies sich als Oberstleutnant der Staatssicherheit aus und eröffnete das Gespräch mit den Worten: »Frau Stiller, ich muß Ihnen leider mitteilen, daß Ihr Mann Werner Stiller Republikflucht begangen hat.«

Meine Mutter ist daraufhin in Ohnmacht gefallen, und es mußte ein Notarzt gerufen werden. Nachdem sie wieder einigermaßen auf den Beinen war, entschieden die vier Mitarbeiter der Staatssicherheit, sie mit uns Kindern erst einmal mit der Maßgabe allein zu lassen, daß sie auf gar keinen Fall Kontakt zur Außenwelt aufnehmen dürfe, weder zu ihren Eltern noch zu sonstwem.

Wir hatten damals einen Gasherd, und meine Mutter ist an diesem Tag mehrmals versucht gewesen, unser aller Leben ein Ende zu setzen. Sie hat es deswegen nicht getan, weil in ihr der

Gedanke siegte, daß sie kein Recht besaß, meinem Bruder und mir das Leben zu nehmen.

Am Abend kamen erneut Leute von der Staatssicherheit und brachten uns nach Wandlitz zu einem älteren Stasi-Ehepaar, an das ich mich gut erinnern kann. Sie ließen meine Mutter und mich die Missetat meines Vaters spüren und behandelten uns wie Aussätzige. Wir mußten allein in der Küche essen. Als ihr Enkelkind zu Besuch kam, verboten sie mir, mich zu ihm vor den Fernseher zu setzen, um mir den Trickfilm *Hase und Wolf* anzuschauen. Das Gefühl, das ich damals empfand, habe ich bis heute nicht vergessen. Ich fühlte mich minderwertig und schlecht und in meinem kindlichen Stolz zutiefst verletzt. Ich hatte ja überhaupt keine Ahnung, was vor sich ging. Ich fragte unentwegt nach meinem Vater, und meine Mutter sagte immer, daß wir Urlaub machten und er bald nachkommen werde. Mein Vater aber kam nicht, und ich vermißte ihn sehr und weinte viel. Sie versuchte, so gut wie möglich für mich da zu sein, aber den Schmerz konnte sie mir nicht nehmen, zumal sie mit ihrem eigenen zu kämpfen hatte.

Bei dem Ehepaar hielt sie es, auch unsertwegen, nicht länger aus. Sie wandte sich an die Staatssicherheit, und es wurde uns daraufhin ein eigener Bungalow zugeteilt, den wir noch ungefähr eine Woche bewohnten. Danach stellte ihr ein Mitarbeiter der Staatssicherheit einige Städte als künftigen Wohnort zur Auswahl. In Berlin durften wir nicht bleiben. Sie entschied sich für Cottbus, weil sie wußte, daß dort die Mutter ihrer Freundin wohnte.

Meine Mutter hat mir erzählt, die Staatssicherheit habe sie zwar, nachdem sie überzeugt war, daß sie wirklich keine Ahnung vom Tun meines Vaters hatte, immer fair behandelt und einige Mitarbeiter hätten ihr oftmals mit Rat und Tat zur Seite gestanden und auch dafür gesorgt, daß sie in Cottbus eine neue Arbeitsstelle bekam und wir eine schöne Wohnung beziehen konnten. Doch durfte sie viele Wochen keinen direkten Kontakt zu ihren Eltern in Ungarn aufnehmen. Ihre Eltern waren von Mitarbeitern der Staatssicherheit vom Übertritt meines Vaters informiert worden, und man hatte auch ihnen eine direkte Kontaktaufnahme zu uns erst einmal untersagt, ebenso den Eltern und Geschwistern meines Vaters. Die Briefe, die meine Mutter ihnen schrieb, wurden von der Staatssicherheit befördert. Meine Großeltern waren sehr besorgt um unser Wohlergehen und drohten, sich ohne Zögern an die ungarische Botschaft in Berlin zu wenden, falls ihrer Tochter oder uns Kindern etwas passieren sollte.

Als wir damals in Cottbus ankamen, wohnte die Bekannte meiner Mutter schon nicht mehr dort. Ich nehme an, man hatte auch sie kurzerhand »umverfrachtet«, denn wie meine Mutter später erfuhr, mußten fast alle Mitbewohner des Hauses Sterndamm 34, bei den meisten handelte es sich ebenfalls um Angehörige der Staatssicherheit, ihre Wohnungen verlassen und woanders hinziehen. Auch ihre Freundin meldete sich nie wieder bei ihr.

Und wir trugen nicht mehr den Namen Stiller. Die Scheidung meiner Mutter erfolgte nur wenig später, und sie nahm wieder ihren Geburtsnamen an: Tóta.

Nicole Glocke

Ich habe mich so geschämt

Nach ein paar Tagen hatte ich mich einigermaßen gefangen. Deshalb ging ich eines Abends wieder zu Manfred Vogel, und wir setzten uns diesmal in sein Wohnzimmer. Der Kamin brannte, draußen dämmerte es bereits, eine Kerze leuchtete auf dem Tisch, wir waren umgeben von den unzähligen Uhren, deren Glocken ständig läuteten und die, wie bei meinem ersten Besuch, noch immer falsch gingen. Ich war sehr aufgeregt, schloß die Augen und fing einfach an zu reden:

Es muß kurz vor neun Uhr morgens gewesen sein. Da Sonntag war, saßen meine Mutter, meine Schwester und ich noch in unseren Schlafanzügen in der Küche und frühstückten. Es gab meine Lieblingsleberwurst, von der ich nie genug bekommen konnte. Ich dachte an die nächste Winnetoufolge im Fernsehen. Ich war richtig verliebt in Pierre Brice. Für mich war er der schönste Mann der Welt. In meinem Zimmer hingen unzählige Winnetouposter, mein Schreibtisch war ein Sammelsurium aus Reportagen und Berichten über Winnetou, Nscho-tschi, Sam Hawkens und Old Shatterhand. An meinem Schreibtisch klebten überall Postkarten, die Winnetou entweder hoch zu Roß oder tapfer kämpfend am Abgrund einer Schlucht zeigten. Die Boney M- und ABBA-Poster meiner neun Jahre älteren Schwester, mit der ich das Zimmer teilen mußte, hätte ich am liebsten abgerissen. Sie verunstalteten mein Heiligtum.

Nach dem Frühstück stand für mich aber erst einmal viel

Arbeit an: Meine beste Freundin Birgit und ich hatten die Totenkopfbande gegründet. Anfangs haben wir um die Führung konkurriert, dann aber den Kompromiß geschlossen, als gleichberechtigte »Chefs« der Bande vorzustehen. Dies war ein absolut geheim-elitärer Club, bestehend aus Klassenkameraden und Nachbarskindern, mit strengen Aufnahmekriterien: Als Zeichen der Verbundenheit mußte jeder einen Fingerabdruck hinterlassen. Unsere Sitzungen hielten wir aufgrund der Geheimhaltung immer woanders ab: mal im Wald, mal bei jemandem zu Hause, vorausgesetzt, wir waren ungestört. Wer dreimal unentschuldigt fehlte, wurde ausgeschlossen. Wir trafen uns immer montags, und ich wollte noch eine Tagesordnung vorbereiten. Erster Punkt war das Schwimmproblem eines Mitgliedes: Es brauchte Hilfestellung, um den Freischwimmer zu machen. Ein anderes Mitglied hatte dreimal unentschuldigt gefehlt. Der Rausschmiß mußte beschlossen werden. Außerdem standen für morgen grundsätzliche Überlegungen an: Wir wollten beraten, wo Gespenster und Skelette wohnten und wie ihre Häuser aussahen. Mein Vorschlag war der Weltraum, aber ich rechnete mit heftigem Widerspruch und richtete mich daher auf eine schwierige Diskussion ein.

Für den Nachmittag plante ich, zu meinem schwarzen Pflegepony Blitz zu gehen. Der Ponyhof lag nur fünf Minuten von unserer Wohnung entfernt. Ich hatte das Glück, sehr ländlich zu wohnen, mit vielen Feldwegen, wo wir nicht nur reiten, sondern auch ausgiebig Räuber und Gendarm spielen konnten. Das Aufregendste war aber der Bauernhof der Großeltern meiner Freundin Birgit. Der Hof war für uns das reinste Paradies: Wir spielten mit alten Geräten, kletterten in der Scheune stundenlang von unten nach oben und von oben nach unten, was zeitweise ziemlich gefährlich war, und liefen wie verrückt über die weiten Wiesen. Meine Freundin und ich stellten uns vor, einer von uns sei ein Lord aus dem letzten Jahrhundert, der mit einem rebellischen Sklaven fertig werden müsse. Eine bessere Kulisse als diesen Bauernhof hätten wir für unser Rollenspiel wirklich nicht haben können. Dort aßen wir auch immer unsere Süßigkeiten, die wir an der Bude für 20 oder 30 Pfennige heimlich gekauft hatten: Brausebonbons, Lakritz, Schokolade, Chips und Gummibärchen. Auf dem Heimweg war uns manchmal richtig schlecht.

Das Pony war in meiner Phantasie ein kleiner Bruder von Winnetous Rappen Iltschi, und es gab nichts Schöneres und Spannenderes für mich, als Blitz von der Weide zu holen, ihn aufzutrensen, mich wie Winnetou auf seinen sattellosen Rükken zu schwingen und mir vorzustellen, im Wilden Westen zu sein und zusammen mit den Mescalero-Apachen weiße Banditen zu jagen. Schließlich war laut Winnetou die Gefahr groß: Die rote Nation drohte unterzugehen, und ich wollte ihm auf jeden Fall treu zur Seite stehen. Er würde mich dann vor dem Schurken Santer retten und mich heiraten. Zu meinem letzten Geburtstag hatte ich ein Indianerkostüm geschenkt bekommen, und es hätte nicht viel gefehlt, daß ich damit in die Schule gegangen wäre.

In Gedanken sah ich mich schon auf dem Rücken von Blitz über die Wiesen galoppieren, als sich plötzlich ein Schatten über das Küchenfenster legte und ich ein paar Männer draußen stehen sah. Dann klingelten sie bei uns Sturm, und ich wurde jäh aus meinen Träumen gerissen. Weil meine Mutter nicht öffnete, klopften sie an die Wohnungstür. Auf die Frage meiner Mutter, wer dort sei, kam die Antwort, sie kämen von den Rheinisch-Westfälischen Elektrizitätswerken wegen einer bevorstehenden Beerdigung. Meine Mutter öffnete die Tür, und es traten mindestens fünf oder sechs Männer und eine Frau in unsere Wohnung und zeigten ihre Polizeimarken. Ich spürte in mir eine tiefe Erschütterung, noch bevor diese Leute erklärten, was passiert war. Ich ahnte, daß uns allen etwas Schlimmes bevorstehen würde.

Die Männer fragten nach meinem Vater, und meine Mutter antwortete, daß er auf einem Seminar in Köln sei, die Adresse wisse sie leider nicht. Das fanden sie sehr sonderbar.

Meine Mutter erinnerte sich schließlich an den Namen seiner Mitarbeiterin. Sofort rief ein Beamter diese Mitarbeiterin an, erreichte aber nur ihren Ehemann, der mitteilte, daß seine Frau bei meinem Vater sei. Meine Mutter hoffte einen Moment, daß es um eheliche Untreue ginge, aber diese Hoffnung erwies sich als falsch. Die Beamten eröffneten ihr, mein Vater stehe unter Verdacht, eine geheimdienstliche Tätigkeit ausgeführt zu haben. Entrüstet wies meine Mutter diesen Verdacht zurück. Sie äußerte den Wunsch, sich anzukleiden, und zwar allein. Das wurde ihr erlaubt. Danach fragte ein Beamter sie, ob sie mit der Hausdurchsuchung einverstanden sei; wenn nicht, so würde diese auch ohne ihr Einverständnis durchgeführt werden, da ein richterlicher Durchsuchungsbefehl vorliege. Meine Mutter unterschrieb die entsprechende Erklärung. Ein Beamter, der sich als Herr Korff vorstellte, meinte, daß mein Vater sich wohl schon längst in die DDR abgesetzt habe.

Die Durchsuchung der Wohnung war sehr gründlich. Jeder Gegenstand wurde geöffnet und durchsucht, selbst die Niveadose, und ordnungsgemäß an seinen Platz zurückgestellt. Die Beamten gingen vorsichtig und behutsam dabei vor. Einer von ihnen war sehr nett zu mir. Er lobte mich, da ich mich selbständig kämmte, sein Junge täte das nie. Am liebsten hätte ich ihn gefragt, ob ich nicht ausziehen und bei ihm wohnen könne. Ich stand am Küchenfenster, schaute zum Himmel und dachte mir, mögen sie doch alle glauben, daß ich nichts mitbekomme, nur weil ich erst neun bin. Aber das stimmte nicht. Ich wußte genau: Mein Vater hatte etwas Schlimmes getan und mußte nun ins Gefängnis.

Die Beamten telefonierten sehr häufig und nahmen auch Anrufe entgegen. Meine Mutter erhielt als Entschädigung für das Telefonieren fünf Mark. Mir fiel dabei ein, daß in den Tagen zuvor ständig das Telefon geklingelt, sich aber nie jemand gemeldet hatte.

Meine Schwester durfte nachmittags zum Geburtstag ihrer

Schulfreundin gehen. Einer der Beamten, der zum Polizeipräsidium wollte, nahm sie mit dem Auto mit. Zuvor besuchte
sie unsere Oma, um ihr alles zu erzählen. Meiner Schwester
wurde auch erlaubt, bei ihr zu übernachten. Wie habe ich sie
darum beneidet, dem Ganzen entfliehen zu können. Ich hingegen mußte bleiben. Zwei Beamte, darunter Herr Korff, und
die Frau haben die ganze Nacht bei uns gewacht, um auf meinen Vater zu warten. Er kam aber nicht. Das Bewußtsein, daß
Fremde in unserer Wohnung waren, ließ mich nicht einschlafen. Zum ersten Mal in meinem Leben freute ich mich auf die
Schule.

Am nächsten Morgen teilte Herr Korff meiner Mutter mit,
daß mein Vater wenige Minuten nach acht Uhr am Arbeitsplatz verhaftet worden ist. Er hatte gerade an seinem Schreibtisch Platz genommen, aber nicht einmal seine Aktentasche
öffnen können. Er sei überführt, weil er die Telefonnummer
der DDR-Staatssicherheit in seinem Notizbuch vermerkt
hatte. Herr Korff zeigte meiner Mutter die Geheimnummer:
5589332. Meine Mutter hatte sie auswendig gelernt. Ein
ebenfalls verhafteter Atomprofessor, sagte Herr Korff, habe
eine cleverere Methode angewandt: Er hatte die Nummer von
hinten nach vorn aufgeschrieben. In dem Notizbuch meines
Vaters stünden außerdem weitere Adressen aus der DDR. Später zeigte Herr Korff meiner Mutter eine Akte von einem
»Unbekannt« und äußerte, daß er das eigentlich nicht dürfe.
Sie las in der Akte den Decknamen »Bronze«. Herr Korff
berichtete, in der Akte stünde, daß »Bronze« eine USA-Reise
gemacht habe, in der CDU, speziell für Kurt Biedenkopf, tätig
sei und bei einem Energiekonzern arbeite. Seit Anfang 1978
seien darüber Unterlagen in die DDR gelangt. Das könne nur
mein Vater sein, da auf ihn alle Beschreibungen zuträfen.

Die Unterlagen über die USA-Reise wurden tatsächlich gefunden und mitgenommen. Unser gesamtes Geld wurde be-
schlagnahmt, weil die Beamten davon ausgingen, daß mein
Vater es von der Staatssicherheit erhalten hatte. Dies war nicht

der Fall gewesen, so daß es später wieder freigegeben wurde. Meine Mutter galt als nicht tatverdächtig.

Ein paar Tage später ließ ein anderer Beamter durchblicken, mein Vater bleibe vorerst in Untersuchungshaft und würde wohl zu zwei Jahren Freiheitsentzug verurteilt werden. Mein eigener Vater war also tatsächlich ein Krimineller und im Gefängnis. Im Gefängnis. Ich hoffte nur, daß es niemand erfuhr, auch wenn es in der Zeitung stehen würde.

Die Schule war für mich in diesen Tagen eine Zuflucht. Die Kinder und Lehrer ließen mich weitestgehend in Ruhe. Es gab einige Mitschüler, die mich fragten, was bei mir zu Hause eigentlich los sei. Ich habe darauf grundsätzlich nicht geantwortet. Was hätte ich auch sagen sollen? Und vor allem habe ich mich so sehr geschämt, daß ich kein Wort herausbringen konnte. Einige Zeit später ließ mir mein Vater ausrichten, daß böse Männer ihn festhielten. Ich glaubte ihm kein Wort. Für wie naiv hielt er mich? Obwohl ich die einzelnen Anklagepunkte nicht kannte, zweifelte ich keinen Augenblick daran, daß er zu Recht im Gefängnis saß.

Ich schaute Manfred Vogel erwartungsvoll an. Sein Kommentar war lapidar: Was sei daran so schlimm? Ja, was eigentlich? Ein Geheimagent als Vater war schließlich interessanter als ein normaler Bankräuber. Spionage besaß ja eine geradezu mythische Ausstrahlung. Mir fiel keine passende Antwort ein. Es entstand eine Pause. Vogel sagte nur noch, daß nicht die Spionagegeschichte an sich schlimm sei, sondern das, als was sie zu deuten sei: eine Offenlegung meiner schwierigen Familienverhältnisse.

Dann sprachen wir nicht mehr davon und wechselten das Thema.

Edina Stiller

Das Leben ging weiter, und irgendwann dachte ich nicht mehr an ihn

Die Wohnung, die wir in Cottbus bezogen, war wesentlich größer als unsere in Berlin. Während wir im Sterndamm im Erdgeschoß gewohnt hatten, wohnten wir jetzt im vierten Stock und besaßen einen großen Balkon, von dem aus wir einen guten Blick über die Stadt hatten. Ich teilte zwar mit meinem Bruder ein Zimmer, aber es war für uns Kinder groß genug. Mich störte nur, daß mein Bruder unter chronischer Bronchitis litt und manchmal ganze Nächte hindurch hustete. Es kam vor, daß er mitten in der Nacht einen Erstickungsanfall bekam und meine Mutter die Notaufnahme des Krankenhauses aufsuchen mußte. Mein Verständnis für seine Leiden ließ damals wohl eher zu wünschen übrig. Meiner Mutter aber muß die ständige Angst um das Leben meines Bruders sehr zu schaffen gemacht haben. Mit zunehmendem Alter stabilisierte sich dann sein Gesundheitszustand.

Aufgrund unseres Altersunterschiedes kam es häufig zu handfesten Auseinandersetzungen zwischen uns. Für mich war er nur der nervige kleine Bruder, auf den ich aufpassen mußte und nicht mit meinen Freundinnen losziehen konnte, wie ich es gern öfter getan hätte. Eines Nachmittags mußte ich wieder einmal meiner Obhutspflicht ihm gegenüber nachkommen. Er spielte im Sandkasten, und meine Mutter hatte mir nochmals ausdrücklich ans Herz gelegt, ihn auf keinen Fall aus den Augen zu lassen. Meine Freundin aber überredete mich, ganz kurz zu einer anderen Freundin zu gehen, mein Bruder werde es sicher nicht einmal bemerken. Als ich zurückkam, ist mir fast das Herz stehen geblieben: Mein Bruder war nicht mehr da. Ich suchte das gesamte Wohnviertel nach ihm ab, doch es fehlte jede Spur von ihm. Die Angst um meinen Bruder schnürte mir buchstäblich die Kehle zu, doch die Angst vor meiner Mutter war noch größer, und ich suchte verzweifelt weiter. Irgendwann gab ich es dann auf und ging nach Hause. Da saß der kleine Kerl vergnügt in der Badewanne und trällerte vor sich hin. Natürlich hat meine Mutter mir das nicht einfach durchgehen lassen und mich, wie üblich, mit einer Woche Fernsehverbot bestraft. Schuld war in meinen Augen natürlich mein Bruder. Ich glaube, er hat sehr unter mir zu leiden gehabt. Zu meinem Erstaunen liebt er mich heute aber bedingungslos.

Ich besuchte inzwischen die zweite Klasse in der Konstantin-Eduardowitsch-Ziolkowski-Oberschule, mein Bruder ging in den Kindergarten, und meine Mutter trat ihre Arbeitsstelle als Chemotechnikerin im Hygieneinstitut Cottbus an. Ich vermißte meinen Vater noch sehr und fragte oft nach ihm. Meine Mutter blieb zunächst noch bei ihrer anfänglichen Aussage, daß er bald nachkommen werde. Als sie mich mit dieser Antwort nicht mehr zufriedenstellen konnte, gab sie einen Teil der Wahrheit preis und erzählte mir, daß er mit einer zehn Jahre älteren Frau nach Westdeutschland geflohen sei. Bei dieser Version blieb sie dann bis zu meinem achtzehnten Geburtstag, und ich hatte keinen Grund, ihr nicht zu glauben. Zwar wollte ich anfangs nicht wahrhaben, daß mein Vater uns wegen einer anderen Frau verlassen hatte, aber irgendwann fand ich mich damit ab und bemühte mich, nicht mehr an ihn zu denken. Es schien lange so, als wäre mir das ganz gut gelungen, aber heute weiß ich, daß ich meinen Schmerz und meine Enttäuschung nur verdrängt habe, um mit der falschen Wahrheit umgehen zu können. Am schwersten muß es aber für meine Mutter gewesen sein. Später hat sie mir erzählt, sie habe sich oftmals in den Schlaf geweint.

In der neuen Schule fühlte ich mich von Beginn an ziemlich wohl. Meine damalige Klassenlehrerin war mir mit ihrer warmen, mütterlichen Ausstrahlung gleich sympathisch, und von meinen neuen Schulkameraden wurde ich gut aufgenommen. Es fiel mir nicht schwer, wieder an den Lernstoff anzuknüpfen, so daß der plötzliche Schulwechsel auf meine Leistungen keine negativen Auswirkungen hatte. Ich verhielt mich in der neuen Klasse anfangs sehr ruhig und war darum bemüht, so wenig wie möglich aufzufallen. Das ist eine Eigenart, die ich bis heute beibehalten habe. Es ist mir unmöglich, unbefangen und voller Vertrauen auf fremde Menschen zuzugehen.

Nach und nach gewann ich Freunde in der Klasse, und meine Zurückhaltung legte sich. Mein ehemaliges Zuhause in Berlin vermißte ich immer weniger, und es gelang mir teilweise sogar, die Gedanken an meinen Vater zu verdrängen. Die Tatsache, daß ich glauben mußte, mein Vater wollte uns nicht mehr, half mir sicherlich dabei. Außerdem gab sich meine Mutter alle Mühe, ihn zu ersetzen. Auch sollten mein Bruder und ich niemals ihre Hilflosigkeit und Verzweiflung spüren, was ihr natürlich nicht in jedem Falle gelang. Das äußerte sich dann darin, daß ihr mitunter die Hand ausrutschte und sie uns Strafen wie Fernsehverbot und Hausarrest auferlegte, die sie dann meist vor dem beschlossenen Ende wieder aufhob.

Wenn man in der DDR das zweite Schuljahr erreicht hatte, wurde man Jungpionier. Man bekam eine weiße Pionierbluse und ein blaues Tuch, das mit einem speziellen Knoten um den Hals gebunden werden mußte. Zu besonderen Anlässen, wie den Demonstrationen am 1. Mai, dem Geburtstag der Republik am 7. Oktober oder Schulfeierlichkeiten jeglicher Art, war es Pflicht, diese Kleidung zu tragen. Das war ziemlich lästig, weil ich unordentlich war und entweder die Bluse oder das Halstuch nicht finden konnte und außerdem nie mit dem Binden des Knotens zurechtgekommen bin. Trotz allem hat mich die Aufnahme in die Jungpioniere stolz gemacht, weil ich mich den Großen näher fühlte.

Die Aufnahme in die Organisation der Thälmannpioniere, die in der fünften Klasse erfolgte, bedeutete dann schon einen größeren Schritt in Richtung Erwachsensein. Dabei wurde nur das blaue durch ein rotes Halstuch ersetzt, aber mir blieb die lästige Pflicht des Suchens und Bindens. In jeder Klasse wurde von den Schülern ein sogenannter Gruppenrat gewählt, der aus dem Gruppenratsvorsitzenden, seinem Stellvertreter und wenigen anderen Mitgliedern bestand, denen irgendeine besondere Aufgabe übertragen wurde wie das Verwalten der Klassenkasse oder anderes. Ich war stets einerseits erleichtert und andererseits enttäuscht darüber, daß die Wahl nie auf mich fiel. Ich hatte das Gefühl, daß niemand mir zutraute, ein solches Amt zu bekleiden. Meine Mutter hatte sich bei meiner Erziehung alle Mühe gegeben, es aber leider versäumt, mich zur Selbständigkeit zu erziehen. Worte wie »Das kannst du sowieso nicht« und »Du machst ja doch nur alles kaputt« klingen mir heute noch im Ohr. Sie hatte mich sogar noch bis zu meinem siebzehnten Lebensjahr bei Arztbesuchen begleitet und mir auch sonst unliebsame Dinge abgenommen. Für mich war es bequem gewesen, und ich hatte mich nicht dagegen aufgelehnt, aber heute wünschte ich mir, sie hätte das nicht getan. Ich hatte nie ein genaues Ziel vor Augen und bin in meinen Absichten ständig hin- und hergeschwankt, und es hat lange gedauert und Kraft gekostet, bis es mir gelang, mich von dieser Unbestimmtheit freizumachen und meinen eigenen Weg zu gehen. Heute weiß ich, man muß einem Kind zeigen, daß man ihm etwas zutraut, egal, wieviel anfangs auch danebengehen mag, und seine Stärken fördern, damit es mit einem ausreichenden Glauben an seine eigenen Fähigkeiten ins Leben geht.

Ich frage mich so manches Mal, ob mein Leben anders verlaufen wäre, wenn mein Vater an der Erziehung beteiligt gewesen wäre. Er hat sich selbst immer sehr viel abverlangt, und genau das erwartet er auch von anderen Menschen. Diese Einstellung hätte ich für mich gebraucht. Meine Mutter hat mit ihrer Fürsorge versucht, den Weggang meines Vaters an mir wiedergutzumachen, und damit genau das Gegenteil erreicht, was ich ihr aber nicht zum Vorwurf machen kann.

In der achten Klasse verschwanden mit der Aufnahme in die Freie Deutsche Jugend endlich die Halstücher in der Versenkung, und die weiße Pionierbluse wurde durch ein blaues FDJ-Hemd ersetzt. Man gehörte nicht mehr zu den Kleinen. Gegen Ende dieses Schuljahrs fand dann auch die Jugendweihe statt, mit der man endgültig in den Kreis der Großen aufgenommen wurde. Die Vorbereitung darauf erfolgte in zahlreichen Jugendstunden, an denen teilzunehmen Pflicht war und in denen vor allem über den Sinn des Sozialismus referiert wurde. Die wichtigeren Gespräche wurden außerhalb der Jugendstunden und schon lange Zeit vorher geführt, nämlich darüber, was man zu diesem Ereignis anziehen solle. Da es in der DDR nicht allzuviel Auswahlmöglichkeiten an Bekleidung gab, rannte man schon Monate vorher von Geschäft zu Geschäft, um etwas Besonderes zu finden. Meine Mutter war mir bei der Suche sehr behilflich. Ich entschied mich schließlich für eine lila Samthose und eine einfache weiße Bluse.

Dieser lang ersehnte Tag der Jugendweihe wurde für mich eine einzige Katastrophe, und ich erinnere mich nur noch ungern daran. Die Jugendweihe erhielt man am Vormittag; es wurde eine festliche Rede gehalten, dann traten die Schüler in vorher zusammengestellten Gruppen auf die Bühne, sie wurden beglückwünscht, und jedem wurde eine Nelke und ein Buch überreicht. Den Nachmittag feierte man im Kreise seiner Familie. Meine Großmutter war extra aus Ungarn angereist, um an diesem für mich bedeutenden Ereignis teilzuhaben, und ich liebe sie wirklich über alles, aber diesen Tag hat sie mir am Ende gründlich verdorben. Es war üblich, daß sich die feiernden Jugendlichen am Abend noch einmal trafen, um zusammen um die Häuser zu ziehen, etwas zu trinken und Spaß zu haben. Es war so ungefähr gegen 20 Uhr, als eine

Gruppe bei mir klingelte, um mich abzuholen. Natürlich war es ihnen anzumerken, daß sie etwas angeheitert waren, aber an diesem Tag hatte jeder Verständnis dafür. Nur der Form halber ging ich zu meiner Mutter, um ihr zu sagen, daß ich mich meinen Schulkameraden anschließen würde, und da sagte sie nein, es sei schon ziemlich spät und sie sei nicht gewillt, mich mit der betrunkenen Horde losziehen zu lassen. Ich habe geweint und sie angefleht, aber es war nichts zu machen, sie änderte ihre Meinung nicht. Als ich die Truppe von dannen ziehen sah, war ich am Boden zerstört und schwor mir, meiner Mutter das niemals zu verzeihen. Erst später erfuhr ich, daß meine Oma dieses Verbot ausgesprochen hatte. Dennoch hätte sich meine Mutter um meinetwillen darüber hinwegsetzen müssen.

Über Erlaubnisse zum Ausgehen, etwa in die Schuldisko, gab es bei uns sowieso immer heftige Diskussionen und Auseinandersetzungen. Wenn es mir überhaupt einmal erlaubt wurde, mußte ich zu einer Zeit wieder zu Hause sein, für die sich kaum das Losgehen gelohnt hätte. Meine Mutter war in dieser Beziehung unerbittlich, und wir führten jahrelang einen regelrechten Machtkampf darum. Sie hatte einfach kein Einsehen, obwohl ich heute weiß, daß sie nur Angst um mich hatte. Bei meinem Bruder wurden in dieser Hinsicht die Zügel viel lockerer gelassen, weshalb ich mich im nachhinein so manches Mal als Versuchskaninchen gesehen habe, nach dem Motto: »Beim ersten Kind hat diese Erziehungsmethode nicht funktioniert, also machen wir es beim zweiten anders.«

In meiner Freizeit habe ich gern Sport getrieben, aber eine besondere Begabung für irgendeine Sportart besaß ich nicht. Da es in der DDR üblich war, sich einer Sport- oder Arbeitsgemeinschaft anzuschließen, versuchte ich es im FDJ- und Pionierensemble, einer Vereinigung aus Chor, Tanzgruppe und Kabarett. Bei der Tanzgruppe fiel ich im Aufnahmetest durch. Zum einen fehlte es mir mit meinen eher linkischen Bewegungen an der nötigen Anmut und zum anderen habe ich die Sache wohl nicht ganz ernst genommen, weil ich vielleicht schon geahnt habe, daß Tanzen nicht meinem Naturell entsprach. Danach probierte ich mein Glück im Kabarett, mußte aber schnell feststellen, daß ich nicht in der Lage war, eine Szene sicher und überzeugend darzustellen. Schließlich blieb mir nur noch der Chor. Hier stellte sich ziemlich schnell heraus, daß ich über eine relativ gute Stimme verfügte.

Ich hatte das Gefühl, endlich das Richtige für mich gefunden zu haben, und ging der Sache mit großer Begeisterung nach. Die Proben fanden dienstags und donnerstags in einer nahegelegenen Schule statt. Unser Chorleiter war einerseits ein sehr strenger, andererseits aber auch ein sehr umgänglicher und liebenswerter Mensch, und obwohl er die Proben immer mit einer gewissen, sicherlich notwendigen Härte durchzog, machten sie mir viel Freude. Bald schon trat ich mit dem Chor bei Veranstaltungen auf, die das Ensemble in regelmäßigen Abständen in der Stadthalle, der Kammerbühne oder im Haus der Bauarbeiter in Cottbus durchführte. Vor jedem Auftritt wurde wochen- oder monatelang mit dem gesamten Ensemble ein Programm eingeübt. Besonders schön waren die Generalproben. Dabei konnten wir auch die Darbietungen der Tanzgruppe und des Kabaretts mit verfolgen, und ich war jedesmal begeistert von dem Können der einzelnen Mitglieder. Meine Stimme wurde immer besser, ich durfte mit dem Chor auch in anderen Städten auftreten und bekam manchmal sogar die Möglichkeit, Lieder in einer kleinen, speziell zusammengestellten Gruppe zu präsentieren, was mich durchaus stolz gemacht hat. Die Krönung war für mich eine Reise in die damalige Sowjetunion, nach Lipezk. Wir wußten von vornherein, daß nur ein kleiner Teil des Ensembles daran teilnehmen durfte, und fieberten dem Tag entgegen, an dem die Namen der Ausgewählten verkündet wurden. Ich wußte, daß ich gute Chancen hatte, dazuzugehören, konnte es aber dennoch kaum fassen, als mein Name bei der Bekanntgabe der Teilnehmer vorgelesen wurde. In solchen für mich einzigartigen Momenten habe ich mir oftmals gewünscht, mein Vater könnte meinen Erfolg miterleben und stolz auf mich sein.

Im Chor habe ich auch meine erste große Liebe kennengelernt. Die Mitglieder waren bis auf zwei Jungen ausschließlich Mädchen, und einer der beiden, ein blonder, grünäugiger Junge, wurde von vielen Mädchen des Ensembles umschwärmt. Heimlich gehörte auch ich zu ihnen, hätte mir aber nie träumen lassen, daß er ausgerechnet mich erwählen würde, und war ziemlich überrascht, als er mir nach einer Probe einen Brief gab und mich bat, ihn zu Hause allein zu lesen. Ich habe es natürlich nicht ausgehalten und ihn sofort auf dem Heimweg aufgerissen. Er schrieb, daß er schon seit einiger Zeit verliebt in mich sei, und fragte mich, ob ich nicht seine feste Freundin werden wolle. Ich war damals knapp 13, fühlte mich plötzlich unglaublich erwachsen und war enorm glücklich. In meinem Antwortbrief schrieb ich, daß ich gern mit ihm gehen würde. Unsere Freundschaft bestand vor allem aus gegenseitigem Necken und Aufziehen. Irgendwann kam es dann zum ersten Kuß, und ich sehe uns noch heute vor dem Fenster in meinem Zimmer unsicher gegenüberstehen, sehe noch heute sein Gesicht auf mich zukommen, spüre noch heute die ersten unbeholfenen Zungenbewegungen. Es waren die schönsten und fremdesten Gefühle, die ich bis dahin erlebt hatte. Diese erste Liebe hielt dann auch ganze zwei Jahre, und ich war todunglücklich, als er mir mitteilte, daß er jetzt erst einmal seine Freiheit brauche.

In dieser Zeit verblaßte auch mein Interesse am Chor allmählich, und ich ging immer seltener zu den Proben, um dann irgendwann ganz aufzuhören. Heute gleicht meine Singstimme, sicher auch wegen meines Rauchens, eher einem Katzengejammer.

Mit meiner Pubertät fingen nicht nur die Schwierigkeiten zu Hause an, auch meine Leistungen in der Schule verschlechterten sich merklich. Sie hatten sich hauptsächlich wegen meiner raschen Auffassungsgabe immer im gesunden Mittelmaß gehalten. Gelernt habe ich nie besonders fleißig, und Hausaufgaben erledigte ich ungern. Am besten war es, mit jemandem befreundet zu sein, der einem an Zielstrebigkeit einiges voraus hatte und von dem man vor Stundenbeginn noch schnell die Aufgaben abschreiben konnte. So hatte ich es die Schuljahre über zu halten versucht. Die Tatsache, daß in der DDR jeder eine Lehrstelle bekam, hatte meine Zielstrebigkeit auch nicht gerade gefördert. Sicher gab es Schüler, die von sich aus nach Wissen strebten und denen es ein Bedürfnis war, sich durch sehr gute Leistungen hervorzutun. Da sie die Ausnahmen waren, hatten sie damit aber keinen besonders guten Stand in der Klasse, sie galten als Streber und wurden vom Kern ausgeschlossen. Dabei hatten sie eher als die meisten erkannt, worauf es ankam, und damit nur den Neid der anderen auf sich gezogen.

Spaß machten mir Unterrichtsfächer wie Deutsch, Musik, Biologie, Geschichte, Sport und später Staatsbürgerkunde. Fächer wie Mathematik, Physik und Chemie, bei denen sich der Stoff logisch aufbaut, waren mir ein Greuel, und ich machte mir meistens nicht einmal die Mühe, sie zu verstehen. Es fiel mir schwer, mich darauf zu konzentrieren.

Mein Betragen hatte schon immer ziemlich zu wünschen übriggelassen, meine Kopfnoten, bestehend aus Betragen, Ordnung, Fleiß und Mitarbeit, waren nur selten besser als Drei gewesen, aber nun wurde ich regelrecht aufsässig. Hinzu kam, daß wir in der neunten Klasse einen Klassenlehrer bekamen, zu dem ich in ständiger Konfrontation stand. Die Antipathie beruhte von Anfang an auf Gegenseitigkeit, und er ließ sie mich bei jeder Gelegenheit spüren, wogegen ich mich natürlich erst recht auflehnte. Meine Mutter wurde aufgrund meines Verhaltens oftmals in die Schule zitiert, was die Lage zu Hause noch verschlechterte. Den Höhepunkt bildete dann ein Tadel, den ich deswegen bekam, weil ich mitten im Unterricht aufgestanden und nach Hause gegangen war. Natürlich hätte ich mich abmelden müssen, aber wegen einer vorherigen Streiterei mit meinem Klassenleiter und der für mich peinlichen

Situation war ich dazu nicht gewillt. Meine Monatsblutung hatte vorzeitig begonnen, und ich mußte meine Kleidung wechseln. In diesem Fall stellte sich meine Mutter, entgegen ihrer sonstigen Gewohnheit, auf meine und nicht auf die Seite meines Lehrers und erklärte ihm die Situation, aber den Tadel bekam ich trotzdem.

Das Schlimme daran war, daß dies im entscheidenden Schuljahr geschah. Mit dem Zeugnis der neunten Klasse mußte man sich um eine Lehrstelle bewerben. Den Rest des Jahres bemühte ich mich, meinen Fehler durch gutes Verhalten wieder auszubügeln, aber es nützte nichts, ich erhielt im Zeugnis in Betragen eine Vier, und auch wegen meines übrigen eher mäßigen Notendurchschnittes von Drei hatte ich damit wenig Chancen auf eine gute Lehrstelle. Ich bewarb mich als Kindergärtnerin oder Krippenerzieherin und als Sekretärin, bekam aber verständlicherweise jedesmal eine Absage. Schließlich hatte ich nur noch die Auswahl zwischen Maschinist und Facharbeiter für Fernsprech- und Fernschreibtechnik und entschied mich wegen meiner nicht allzu ausgeprägten handwerklichen und technischen Fähigkeiten für letzteres.

Meine Mutter war natürlich enttäuscht, denn wie viele andere Mütter wollte sie das Beste für ihr Kind. Mir hat das damals nicht sehr viel ausgemacht. Über meine berufliche Zukunft hatte ich kaum nachgedacht. Mein Vertrauen in meine Fähigkeiten war ziemlich gering, auch wenn ich oft zu hören bekam, nicht genügend aus meinem angeblich so reichlich vorhandenen Potential zu machen. Ich weiß bis heute nicht genau, wo meine Stärken liegen.

Nach dem Weggang meines Vaters hat es einige Männer gegeben, die sich sehr um meine Mutter bemühten. Wirklich verliebt hat sie sich aber nur in einen Mann. Er war ihr nach dem Umzug nach Cottbus von der Staatssicherheit an die Seite gestellt worden, um ihr bei Behördengängen behilflich zu sein. Er kam damals oft zu uns, blieb auch manchmal über Nacht, und ich hätte ihn mir durchaus als Vater vorstellen können. Obwohl er noch verheiratet war, hatte er sich inzwischen offen, auch seiner Ehefrau gegenüber, zu meiner Mutter bekannt. Eines Tages kam er dann einfach nicht mehr, und ich habe ihn anfänglich ein bißchen vermißt. Später erfuhr ich, daß ihn die Staatssicherheit, als sie von der Beziehung erfuhr, abkommandiert und dafür gesorgt hat, daß ein weiterer Kontakt unterblieb.

Danach war, was Männerbekanntschaften meiner Mutter betraf, eine Zeitlang Ruhe. Sie hat sich bestimmt in all den Jahren oft nach der Zärtlichkeit und Liebe eines Mannes und nach einem Vater für ihre Kinder gesehnt. Mein Bruder, der sich als kleiner Junge verzweifelt einen Vater wünschte, brachte sie in dieser Hinsicht in manche peinliche Situation. Jeder Handwerker, der unsere Wohnung betrat, wurde von ihm gefragt, ob er nicht unsere Mutter heiraten und unser Vater sein wolle. Einige wären sicherlich gern darauf eingegangen, aber meine Mutter hat keinen Zweifel daran gelassen, daß sie nicht interessiert war.

Ab und zu ging meine Mutter mit einem befreundeten Paar aus. Die beiden hatten es wohl darauf abgesehen, sie endlich wieder unter die Haube zu bringen, und es eines Abends arrangiert, daß einer ihrer Bekannten bei einer Tanzveranstaltung mit zugegen war. Anfangs war es wohl über einen Blickkontakt nicht hinausgegangen. Als meine Mutter dann von einem Fremden zum Tanz aufgefordert wurde, stand er auf und erklärte, daß meine Mutter ihm diesen Tanz bereits versprochen habe.

Wolfgang, so hieß der Mann, und meine Mutter wurden ein Paar. Das war im Sommer 1982. Er war, wie mein richtiger Vater, bei der Staatssicherheit beschäftigt. In seiner Dienstuniform machte er den Eindruck eines selbstbewußten und zielstrebigen Mannes, zu dem man aufschauen konnte. Ich habe ihn gemocht und war nicht unglücklich darüber, als sie bald darauf heirateten.

Es war schön, wieder eine richtige Familie zu sein. Er bemühte sich, mir wie ein Vater zu sein und auf mich einzugehen, half mir bei meinen Schulaufgaben und war auch sonst gut zu mir. Leider sah sein Verhältnis zu meinem Bruder ein wenig anders aus. Er war von Anfang an eifersüchtig auf ihn.

Mein Bruder galt zu dieser Zeit als schwieriges Kind. Er kam vom Spielen meist mit zerrissenen und verschmutzten Sachen nach Hause und machte in der Schule noch mehr Schwierigkeiten als ich. Weder seine Lehrer noch die Bekannten oder Freunde meiner Mutter mochten ihn sonderlich, obwohl er schon damals ein herzensguter kleiner Kerl war. Eine Situation, die seine Herzensgüte bewies, ist mir besonders in Erinnerung geblieben. Als seine Lehrerin Geburtstag hatte, nahm er eine halb leere Parfümflasche meiner Mutter, verpackte sie und wollte sie seiner Lehrerin schenken, wurde von ihr aber nur ausgelacht. Da er stets das Bedürfnis hatte, seine Gefühle zum Ausdruck zu bringen, sagte er eines Tages zu einer anderen Lehrerin, daß er sie liebe. Natürlich hatte er damit nur ausdrücken wollen, daß er sie sehr mochte, aber im Lehrerkreis war man der Meinung, mein Bruder sei nicht ganz normal. Von seiner Schulleiterin wurde meiner Mutter sogar nahegelegt, ihn in eine Hilfsschule zu versetzen. Heute studiert mein Bruder an der Universität in Gießen Wirtschaftsökonomie und gehört mit zu den Besten.

In meiner Mutter rief diese allgemeine Ablehnung das Bedürfnis hervor, meinen Bruder noch stärker zu schützen, und das hat mein Stiefvater von Anfang an gespürt und sein Gefühl der Rivalität verstärkt. Er ließ meinen Bruder seine Ablehnung bei jeder Gelegenheit spüren, war oftmals sehr ungerecht und unbeherrscht ihm gegenüber, weshalb meine Mutter ihn natürlich noch mehr in Schutz nahm, und so entstand ein ewiger Teufelskreis. Obwohl ich es also für mich genoß, wieder einen Vater zu haben, tat mir sein Verhalten meinem Bruder gegenüber sehr weh.

Dann wurde meine Mutter schwanger, und wir haben uns

alle darüber gefreut. Die Zeit der Schwangerschaft verlief normal, und die Spekulationen darüber, was es wohl werden würde, nahmen kein Ende. Plötzlich traten Komplikationen auf, weshalb meine Mutter vorzeitig ins Krankenhaus eingewiesen wurde. Sie blieb sehr lange fort, und wir Kinder durften sie nicht ein einziges Mal besuchen. Wir haben natürlich oft nach ihr gefragt, aber mein Stiefvater und ihre Freunde versicherten immer wieder, daß es ihr gut gehe, was wir auch nur zu gern glauben wollten. Nach einer endlos scheinenden Zeit kam sie zusammen mit meiner Schwester Yvonne endlich aus dem Krankenhaus. Ich habe erst viel später erfahren, daß das Leben meiner Mutter auf des Messers Schneide gestanden hatte. Es hatte sogar für die Ärzte eher einem Wunder geglichen, daß sie überlebte.

Etwas mehr als ein Jahr nach der Geburt von Yvonne im Oktober 1984 bezogen wir innerhalb von Cottbus eine Fünfraumwohnung, und ich bekam ein eigenes Zimmer. Meine Mutter hielt es für ratsam, unter anderem wegen der ständigen Differenzen mit meinem Klassenlehrer, für mich gleichzeitig einen Schulwechsel zu veranlassen. Begeistert war ich davon nicht, sah aber darin auch eine Chance für mich, meine Leistungen vielleicht wieder zu steigern. In der neuen Schule wurde ich gut aufgenommen und konnte tatsächlich, wie erhofft, das zehnte Schuljahr mit dem Prädikat Gut abschließen.

Yvonne war unser kleiner Sonnenschein und sah mit ihren blonden Löckchen und den himmelblauen Augen wie ein Engelchen aus. Ich hatte sie sehr lieb, aber zu meinem Bruder hatte sie von Anfang an ein innigeres Verhältnis. Sie hing sehr an ihm, und er beschäftigte sich in jeder freien Minute mit ihr. Unsere Familienverhältnisse verliefen wieder in geordneten Bahnen, alle waren glücklich – bis zu dem Ostersonntag 1987, der unser Leben von einer Minute auf die andere grundlegend veränderte.

Ich hatte den gesamten Nachmittag bei einer Freundin verbracht und war erst am Abend nach Hause gekommen. Als ich die Wohnung betrat, lief eine enge Freundin meiner Mutter auf mich zu, führte mich in die Küche und sagte mir, daß ich mich erst einmal setzen solle. Dann offenbarte sie mir, daß meine Schwester nicht mehr lebte. Die Gefühle und Gedanken, die in diesem Moment auf mich einstürzten, kann ich heute nur schwer wiedergeben. Es war ein Gemisch aus Fassungs- und Hilflosigkeit, tiefster Verzweiflung und totaler Ungläubigkeit. Ich wollte sofort zu meiner Mutter, aber ihre Freundin sagte mir, daß es im Moment besser sei, sie allein zu lassen. Sie befand sich im Wohnzimmer, in dem es merkwürdig still war, und das machte mir noch zusätzlich große Angst. Es erschien mir alles so unwirklich, ich konnte einfach nicht glauben, daß das wahr sein sollte. Erst am nächsten Morgen erfuhr ich, was geschehen war.

Meine Mutter war zusammen mit meinem Stiefvater und meiner Schwester in unserem Garten gewesen. Meine Schwester hielt sich bei meinem Stiefvater in der Laube auf, wo er mit irgend etwas beschäftigt war, und meine Mutter arbeitete im Garten. Irgendwann fing meine Schwester wahrscheinlich an, meinen Stiefvater bei seiner Arbeit zu stören, und er schickte sie nach draußen zu meiner Mutter. Nach einer ganzen Weile, in der jeder davon ausgegangen war, daß sich Yvonne beim jeweils anderen befand, bemerkten sie, daß meine Schwester verschwunden war. In panischer Angst begannen sie, nach ihr zu suchen. Sie rannten auch in den Nachbargarten und schauten voller böser Vorahnung in die dort teilweise in die Erde eingelassene, nicht abgedeckte Regentonne, dann wurde meine Mutter ohnmächtig. Yvonne mußte es irgendwann zu langweilig geworden sein. Sie war durch ein Loch im Zaun in den Nachbargarten gekrochen, hatte dort ein bißchen gespielt, und dann ist ihr das Spielzeug in die Tonne gefallen. Als sie danach greifen wollte, ist sie kopfüber in die mit Regenwasser gefüllte Tonne gestürzt. Der Tod erfolgte aufgrund der eisigen Kälte des Wassers durch Herzversagen und muß sofort eingetreten sein.

Die nächsten Tage waren furchtbar. Meine Mutter lag auf der Wohnzimmercouch, starrte mit ausdruckslosen Augen ins Leere, aß, trank und schlief nicht. In ihren lichten Momenten schrie sie verzweifelt den Namen meiner Schwester und wollte nur noch sterben. Ihren Augen war anzusehen, daß sie jegliche Lebenskraft verloren hatte, und das einstige Strahlen in ihnen ist seitdem für immer erloschen. Ich fühlte eine unbeschreibliche Hilflosigkeit. Dieser Ausdruck der Empfindungslosigkeit in ihren Augen tat mir körperlich weh und vermittelte mir das Gefühl vollkommener Einsamkeit. Die Freundin meiner Mutter saß fast rund um die Uhr bei ihr und versuchte, sie bei ihren Anfällen zu beruhigen.

Sehr schlimm muß diese Zeit auch für meinen Stiefvater gewesen sein. Sein einziges leibliches Kind war auf schreckliche Weise bei einem Unfall ums Leben gekommen, aber niemand war für seinen Schmerz da, im Gegenteil. Er hat in dieser Zeit versucht, meiner Mutter eine Stütze zu sein, hat sich so gut wie möglich um uns und die Beerdigungsangelegenheiten gekümmert, und ich frage mich heute noch so manches Mal, woher er dafür die Kraft genommen hat. Alles drehte sich in dieser Zeit um meine Mutter, die viel offensichtlicher litt als jeder andere von uns. Die Angst, daß sie sich in einem unbewachten Moment das Leben nehmen würde, lähmte uns noch zusätzlich. Ihre Freundin bemühte sich, ihr bewußt zu machen, daß sie noch zwei Kinder habe, die sie brauchten, und daß sie sich deswegen nicht aufgeben dürfe. Irgendwann muß ihr das schließlich zu Bewußtsein gekommen sein, und sie beschloß, für uns weiterzuleben, obwohl man das, was dann folgte, schwerlich noch Leben nennen konnte. Sie bekam lange Zeit regelmäßig sehr starke Beruhigungstabletten, die sie zu einem lebenden Roboter machten, sie aber wenigstens einigermaßen ruhigstellten. So hatten wir mit einem Male nicht nur unsere Schwester, sondern für lange Zeit auch noch unsere Mutter verloren. Wie mein Bruder und mein Stiefvater mit ihrem Schmerz umgegangen sind, weiß ich bis heute nicht. Meinen eigenen versuchte ich genauso zu verdrängen, wie ich damals den Schmerz beim Verlust meines Vaters verdrängt hatte. Ich habe mich nie einsamer und hilfloser gefühlt als in dieser Zeit.

Danach war nichts mehr so wie vorher. Meine Mutter konnte sich kaum noch um die notwendigsten Belange kümmern, und mein Stiefvater war ein gebrochener Mann. Wirklich gemerkt habe ich es an einer Bemerkung, die er mir gegenüber einmal geäußert hat, als wir beide allein waren. Er sagte, daß er sich am liebsten einen Strick nehmen und alles hinter sich lassen würde, und in seinen Augen habe ich gesehen, daß es ihm ernst war. Sie schliefen seitdem getrennt, und die Liebe meiner Mutter zu ihm war erloschen. Sie gibt ihm noch heute die alleinige Schuld an dem Unfall meiner Schwester, obwohl ich ihr da nicht beipflichten kann.

Der Tod meiner Schwester gehört mit zu den grundlegenden Ereignissen in meinem Leben, die mich nicht an Gott glauben lassen. Ich habe viele Familien gesehen und erlebt, in denen sich die Eltern nicht im geringsten um ihre Kinder gekümmert und sie mehr oder weniger sich selbst überlassen haben, ohne daß jemals ein Unglück geschehen wäre. Meine Mutter hat in einem einzigen Moment der Unachtsamkeit die ganze Härte des Schicksals zu spüren bekommen, und es ergibt für mich einfach keinen Sinn, wenn Gottgläubige behaupten, alles im Leben sei für irgend etwas gut.

Leider bin ich meiner Mutter in dieser schweren Zeit nicht immer eine Hilfe gewesen. Mir war bewußt, daß sie für ihre Gefühl- und teilweise Interesselosigkeit nicht verantwortlich war, aber ich habe dennoch meine eigene Verzweiflung und Einsamkeit so manches Mal an ihr ausgelassen. Es gab niemanden, mit dem ich reden konnte, der mir zuhörte und für mich da war, und in manchen Situationen habe ich genau den falschen Weg gewählt, ihr zu Bewußtsein zu bringen, daß ich auch noch existierte. Vielleicht wollte ich durch meine Aufsässigkeit erreichen, daß sie mich wieder wahrnahm, sich um mich kümmerte, mit mir redete und mich liebhatte, aber das war wohl egoistisch von mir.

Einmal habe ich es dann auf die Spitze getrieben. Sie wollte gerade einkaufen gehen, als ich wieder eine meiner sinnlosen Streitereien anfing. Ein Wort gab das andere, und ich schrie ihr entgegen, daß ich mich ja umbringen könne, damit sie mich endlich los wäre. Sie hat mich ganz ruhig angeschaut und gesagt, wenn ich es unbedingt wolle, müsse ich es eben tun. Obwohl ich wußte, daß sie das nicht wirklich so meinte, setzte bei mir jegliches Denken aus. Nachdem sie gegangen war, nahm ich eine Packung ihrer sehr starken Beruhigungstabletten und schluckte sie alle auf einmal. Die Dosis hätte mich wahrscheinlich umgebracht, wenn mein Stiefvater nicht gekommen wäre. Ich war nur noch sehr schwach auf den Beinen und gab ihm durch mein Lallen zu verstehen, was ich getan hatte. Er hat mich auch verstanden und fuhr mit mir auf dem schnellsten Wege ins Krankenhaus, wo mir der Magen ausgepumpt wurde. Meine Mutter kam mich am nächsten Tag besuchen, und ich habe ihr angesehen, daß sie mich dafür gehaßt hat, was ich heute verstehen kann. Dem Psychologen, der herausfinden wollte, ob ich selbstmordgefährdet war, sagte ich ehrlich, daß ich nicht wirklich habe sterben wollen, und er muß es mir wohl auch geglaubt haben.

Nicht sehr lange nach dem Tod meiner Schwester ereignete sich dann noch etwas, womit ich bis heute nicht fertig geworden bin. Ich war 17 Jahre alt und, was sexuelle Erfahrungen betraf, noch sehr unerfahren, ein regelrechter Spätzünder. Es hatte die eine oder andere Verliebtheit gegeben, aber ich hatte es nie bis zum Äußersten kommen lassen, da ich spürte, daß ich noch nicht bereit dazu war. Ich durfte schon seit einiger Zeit Diskos besuchen, und es war seltsam: Erst hatte es jahrelangen Streit darüber gegeben, ob und wie lange ich weggehen dürfe, und als ich dann die Erlaubnis meiner Mutter hatte, war es mir auf einmal nicht mehr so wichtig, und ich nutzte sie eher selten.

Es war an einem Samstag im Herbst, als mich eine Freundin überredete, mit ihr und einigen anderen Freunden in eine Disko etwas außerhalb von Cottbus zu fahren. Wir nahmen den Bus, und es war ausgemacht, daß wir zusammen mit dem letzten Bus wieder nach Hause fahren würden.

In der Disko angekommen, wäre ich am liebsten gleich wieder umgekehrt. Es war ein unwahrscheinliches Getümmel, man mußte sich regelrecht durch die Massen der Jugendlichen hindurchzwängen, und ich fühlte mich gar nicht wohl. Zudem gefiel mir die Musik nicht besonders, aber da ich kein Spielverderber sein wollte, entschloß ich mich, mir nichts anmerken zu lassen. Irgendwann wurde es dann doch noch schön, und ich vergaß völlig die Zeit. Als mir bewußt wurde, daß der letzte Bus schon seit einer halben Stunde weg war, geriet ich ein wenig in Panik. Meine Freundin beruhigte mich und versicherte mir, daß uns ein Freund von ihr später mit dem Auto nach Hause fahren würde. Die Zeit verging, ich war inzwischen müde geworden und wollte nur noch in mein Bett. Ich fragte bei ihrem Freund nach, wann sie denn gedächten, den Heimweg anzutreten, und er sagte mir, daß es nicht so bald sein würde. Er riet mir, ein Schwarztaxi zu nehmen. Ich hatte bis dahin nicht mal gewußt, daß es so etwas gab. Wir gingen nach draußen, warteten auf ein vorbeifahrendes Auto, das er anhielt und von dem ich in meiner Naivität annahm, daß es sich um ein sogenanntes Schwarztaxi handelte. Der Fahrer des Wagens, ein Mitvierziger mit einem Durchschnittsgesicht, öffnete die Beifahrertür, und der Bekannte meiner Freundin sagte ihm, daß ich eine Mitfahrgelegenheit suche, und gab auch gleich den Zielort an. Der Unbekannte sagte, er fahre in genau diese Richtung und könne mich mitnehmen. In dem Auto, einem Trabant Kombi, fehlte der Beifahrersitz, deshalb setzte ich mich auf die Rückbank. Der Mann verwickelte mich gleich in ein Gespräch, fragte, wie es mir in der Disko gefallen habe, welche Musik dort gespielt werde, und irgendwann fiel mir auf, daß er nicht in Richtung Cottbus fuhr.

Ich sprach ihn darauf an, und er sagte mir, daß er anderswo noch einen Kumpel abholen müsse, der Umweg aber nicht groß sei. Ich versuchte, ruhig zu bleiben und mir einzureden, daß das, was er sagte, der Wahrheit entsprach und ich mir keine Sorgen machen müsse. Plötzlich bog er in ein Waldstück, parkte rückwärts ein und hielt an. Mit zitternder Stimme fragte ich ihn, warum er denn angehalten habe, und er fragte mich, ob ich mir das denn nicht denken könne. In dem Moment war ich davon überzeugt, daß er mich umbringen wollte. Die Angst, die ich empfand, läßt sich mit Worten nicht ausdrük-ken. Ich war wie gelähmt. Eine Weile saßen wir schweigend da. Dann sagte er, wenn ich keine Schwierigkeiten machte, werde mir schon nichts passieren. Ich glaubte ihm kein Wort, versuchte weinend, ihn von seinem Vorhaben abzubringen, dachte an Flucht, aber mir war klar, daß ich nicht weit kommen würde. Die einzige »Chance«, vielleicht doch lebend aus diesem Auto herauszukommen, sah ich darin, ihn gewähren zu lassen. Da ich noch Jungfrau war, kamen zu der Todesangst noch qualvolle Schmerzen, und ich war dabei, mit meinem Leben abzuschließen. Danach ließ er von mir ab, setzte sich ans Steuer und fuhr los. Ich war starr und fühlte nur Angst und Ekel. Er erzählte mir, daß seine Freundin schon lange nicht mehr mit ihm schlafen würde, er so etwas vorher noch nie ge-tan habe und auch nie wieder tun würde. Irgendwann hielt er noch einmal an, stieg aus dem Wagen, ging zu seinem Koffer-raum, öffnete ihn und nahm etwas heraus. Ich war sicher, ihm war bewußt geworden, daß, wenn er mich laufen ließe, ich ihn höchstwahrscheinlich anzeigen würde. In meiner Vorstellung sah ich ihn mit einem Hammer auf mich zukommen und er-gab mich innerlich bereits meinem Schicksal. Doch er stieg wieder ein und fuhr los. Er hatte nur Benzin nachgefüllt. Ich konnte mich dennoch nicht beruhigen und rechnete immer noch mit dem Schlimmsten. Etwa einen Kilometer vor mei-nem Zuhause hielt er an, redete noch irgend etwas davon, daß es ihm leid tue, und sobald ich ausgestiegen war, fuhr er los.

Ich kam weder auf die Idee, mir sein Nummernschild noch sonstige Auffälligkeiten an seiner Person einzuprägen, so sehr war ich noch immer von meiner Angst gepackt. Ich lief nach Hause, wusch mich hektisch, legte mich ins Bett und schlief sofort ein.

Am Morgen erschien mir alles wie ein Alptraum, aber die Schmerzen im Unterleib sowie Blut an meiner Wäsche holten mich schnell in die Realität zurück. Meinen Eltern sagte ich nichts, benahm mich beim Mittagessen aber besonders patzig, und sie reagierten entsprechend verärgert. Irgendwann stand ich wütend auf, ging in mein Zimmer und knallte die Tür hinter mir zu. Nach einer Weile kam mein Stiefvater ins Zimmer und fragte mich, was denn los sei. Ich erzählte ihm unter Tränen von den Ereignissen der letzten Nacht, und auch er begann zu weinen. Dann erhob er sich, ging zu meiner Mutter in die Küche und berichtete ihr alles. Ich hörte meine Mutter verzweifelt aufschluchzen, und es tat mir in der Seele weh. Schließlich kam mein Stiefvater zurück und sagte, daß wir Anzeige erstatten müßten.

Zuerst fuhren wir zur Polizei, ließen alles aufnehmen und wurden von dort aus zu einem Arzt geschickt. Mit dem Befund des Arztes fuhren wir zurück zur Polizei, und im nachhinein bedauerte ich, überhaupt Anzeige erstattet zu haben. Sicher habe ich mich vollkommen falsch verhalten. Ich hätte versuchen müssen, mir wichtige Details über den Mann und das Auto einzuprägen. Aber wie konnte ich der Polizei meine Todesangst deutlich machen? Bei der Vernehmung, die von einem Mann durchgeführt wurde, ließ dieser durchblicken, daß er mich für die eigentlich Schuldige hielt. Er fragte mich, wie ich dazu käme, nachts so bedenkenlos zu einem Fremden ins Auto zu steigen, und ob ich den Mann eventuell bewußt oder unbewußt zu dieser Tat animiert hätte. Diese Beschuldigung traf mich völlig unerwartet, und ich wollte nur noch weg. Es fanden später einige Gegenüberstellungen statt, aber er war nie dabei. Ich kann nur von ganzem Herzen hoffen, daß er die Wahrheit gesprochen hat, als er sagte, daß ich die erste und letzte gewesen sei.

Als sei es nie geschehen, wurde zu Hause darüber nicht mehr gesprochen. Das einzige Mal, daß meine Mutter es erwähnte, war an dem Abend, nachdem ich Anzeige erstattet hatte. Ich lag auf der Couch, und sie fragte mich, ob alles in Ordnung sei, und ich sagte ja. Das Ganze war mehr, als sie ertragen konnte, als wir alle ertragen konnten. Ich machte meiner Mutter niemals Vorwürfe deswegen, aber ich spüre manchmal, daß sie sich deswegen schuldig fühlt.

Meine Lehre als Fernsprech- und Fernschreibtechnikerin begann ich 1987. Sie machte mir von Anfang an keinen richtigen Spaß, und ich wußte, daß ich in diesem Beruf nicht glücklich werden würde. Fächer wie Grundlagen der Automatisierung waren für mich ein Buch mit sieben Siegeln und interessierten mich auch nicht.

Die Praxisausbildung fand ich da schon interessanter. Jeder Lehrling mußte die verschiedenen Bereiche wie die Telegraphie, das Fernamt und die Auskunft durchlaufen. Den meisten Spaß machte mir die Arbeit in der Telegraphie, weil ich gern Schreibmaschine schrieb, obwohl es bei mir noch an der Schnelligkeit haperte. Man nahm die Adresse und einen Text auf, der dann weitergeleitet wurde. Das war manchmal nicht einfach, weil mir viele Worte unbekannt waren.

Das Fernamt sah genauso aus wie in alten Filmen. Die Frauen saßen in parallelen Reihen nebeneinander vor einer großen Wand, an der es ständig aufleuchtete, hatten Kopfhörer auf und stöpselten um die Wette. Obwohl es kompliziert aussah, stellte ich bald fest, daß die Arbeit ziemlich stupide und nicht sehr anspruchsvoll war. Ich fühlte mich zwischen den vielen, oft übergewichtigen Frauen nicht sehr wohl und konnte mir nicht vorstellen, mein Leben lang zu stöpseln. Die Arbeit war mir zu einseitig, und auch mein Bewegungsdrang kam dabei zu kurz. Erst einmal mußte ich mich aber wohl oder übel meinem Schicksal fügen, legte jedoch eine ziemliche Oberflächlichkeit an den Tag, die sich auch in meiner späteren Benotung niederschlug. Besonders verhaßt waren mir die Überwachungen, die bei uns Lehrlingen regelmäßig durchgeführt wurden, um die Schnelligkeit der Abwicklung und die Kundenfreundlichkeit zu überprüfen. Dabei schaltete sich eine Kontrolleurin für eine halbe Stunde in das System des jeweiligen Lehrlings ein und verfolgte jedes einzelne Wort mit, das am Arbeitsplatz gesprochen wurde. Der Zeitpunkt dieser Kontrollen wurde natürlich geheimgehalten. Ich hatte leider oft das Pech, dabei erwischt zu werden, daß ich mich während der halben Stunde, in der ich überprüft wurde, mit meiner Arbeitskollegin über private Sachen unterhielt. Es war für mich jedesmal ein Schock, wenn ich in das Überwachungszimmer zur Auswertung gerufen wurde.

Nach einiger Weile mußten wir Lehrlinge, genau wie die dort tätigen Angestellten, das Schichtsystem durchlaufen, bestehend aus Früh-, Spät- und Nachtschichten. Ich glaube, in dieser Zeit wurde der Grundstein für meine viele Jahre anhaltenden Schlafstörungen gelegt. An und für sich habe ich die Schichten gemocht, da es einem in der Spätschicht möglich war, richtig auszuschlafen oder andere Dinge, zu denen man nach einer Frühschicht keine Lust mehr hatte, zu erledigen. Am liebsten waren mir aber die Nachtschichten. Ich fand es aufregend, eine ganze Nacht mit nur einer Angestellten in dem riesengroßen Fernamt zu verbringen. Wir haben uns lekkere Mahlzeiten gekocht und die halbe Nacht hindurch gequatscht.

Die Arbeit im Fernamt machte den größten Teil der Praxis aus, danach ging ich noch in die Auskunft. Diese Arbeit fand ich schon um einiges abwechslungsreicher als die Stöpselei im Fernamt. Die Leute riefen an, um Telefonnummern oder Anschriften von Privatpersonen und Firmen zu erfahren. Oft waren die Angaben vage oder unvollständig, und es bedurfte dann einiger Findigkeit, die gewünschte Auskunft zu ermitteln.

Mit einem Mädchen aus der Lehrlingsklasse hatte ich mich ziemlich angefreundet. Wir unterhielten uns oft über unsere Wünsche und Vorstellungen für das spätere Leben, und einmal sagte sie mir, daß sie vorhabe, sich bei der Nationalen Volksarmee als Berufsunteroffizier zu bewerben. Ich war überrascht, fand das aber spannend und sah darin sofort auch für mich eine Möglichkeit, der mir unliebsamen Tätigkeit zu entkommen, zumal ich mich wegen meiner politischen Einstellung als geeignet empfand. Ich war von dem System der DDR hundertprozentig überzeugt. Dazu hat sicherlich auch die Erziehung durch meinen Stiefvater beigetragen.

An meinem 18. Geburtstag im Mai 1989 eröffnete mir meine Mutter dann, daß ich nunmehr das Recht hätte, die Wahrheit über meinen leiblichen Vater zu erfahren. Er habe Republikflucht begangen, sei ein Doppelagent gewesen und wir würden ihn aufgrund dessen niemals wiedersehen.

Ich fand sein Verhalten politisch absolut verwerflich. Da er aber ohnehin schon fast vollständig aus meinem Leben verschwunden war, berührten mich die wahren Hintergründe seines Weggehens nicht mehr.

Statt dessen verfolgte ich meine Idee, zur NVA zu gehen, und setzte sie ziemlich schnell in die Tat um. Meine Freundin sagte mir, bei welchen Stellen ich mich zu melden und zu bewerben hätte, und das tat ich dann auch. Dabei machte ich wahrheitsgemäß alle Angaben über meinen Vater und hoffte, daß mir das nicht zum Nachteil gereichen würde. Meine Mutter war nicht sehr begeistert von meinem Vorhaben, da sie dem System damals schon kritischer gegenüberstand. Aufgrund ihrer veränderten politischen Haltung kam es zwischen ihr und meinem Stiefvater oftmals zu Streitereien, bei denen ich mich regelmäßig auf die Seite meines Stiefvaters schlug. Ich konnte den Sinneswandel meiner Mutter nicht nachvollziehen und ließ mich durch sie von meiner roten Überzeugung auch nicht abbringen. Ich spielte sogar mit dem Gedanken, mich in die

Sozialistische Einheitspartei Deutschlands aufnehmen zu lassen.

Meine Bewerbung bei der NVA wurde tatsächlich angenommen, und obwohl ich keine rechte Vorstellung davon hatte, was mich erwartete, freute ich mich sehr auf die Zeit. Am 5. September 1989 erfolgte dann die Einberufung. Ich war froh, daß meine Freundin ihre Grundausbildung zur selben Zeit wie ich in Bad Düben zu absolvieren hatte, so fühlte ich mich nicht ganz allein.

Wir fuhren mit dem Zug nach Leipzig, und von dort aus wurden wir mit unzähligen anderen Neulingen in Bussen in die Dübener Heide gefahren. Der riesige Armeekomplex mit seinen endlos vielen barackenartigen Gebäuden überwältigte mich, und wohin ich auch sah, überall liefen Uniformierte, die ich Laie als durchaus respekteinflößend empfand. Man führte uns in einen großen Saal, in dem uns unter anderem mitgeteilt wurde, zu welcher Kompanie wir gehörten und wo wir mit wem untergebracht seien. Schließlich wurden kleine Gruppen gebildet und jeder eine Fähnrichschülerin als Ausbilderin zugeteilt. Unsere war mir sofort sympathisch. Sie besaß eine ruhige und warme Ausstrahlung, und wie ich später feststellte, hatte ich mich in meiner ersten Einschätzung über sie nicht geirrt. Sie führte uns vier Frauen zu dem Gebäude, das für die nächsten Wochen unsere Unterkunft sein würde. In der Kelleretage befanden sich die Waffenkammer und die Wäscheabteilung, in den beiden mittleren Etagen wohnten die Männer und in der oberen Etage die Frauen.

Das Zimmer, das meiner Mitbewohnerin und mir zugeteilt wurde, lag am Ende des Ganges. Es machte keinen besonders anheimelnden Eindruck. Die Einrichtung bestand aus zwei Betten, einem kleinen Tisch und einem großen Metallschrank. Nachdem wir unser Gepäck abgeladen hatten, wurde uns aufgetragen, in Begleitung unserer Ausbilderin in die Bekleidungskammer zu gehen, um dort die neuen Kleidungsstücke in Empfang zu nehmen. Das nahm eine ziemliche Zeit in

Anspruch, und am Ende schleppte ich einen ganzen Sack voll mit Uniformen, Felddienstanzügen, Mänteln, Hemden, Schuh- und Sportbekleidung, Socken, Unterwäsche, Hosenträgern, Kopfbekleidung und mehr.

Unsere Ausbilderin zeigte uns dann, wie wir jeden Morgen das Bett zu machen und die zahllosen Kleidungsstücke im Schrank zu verstauen hätten. In diesem Moment wäre ich am liebsten wieder umgekehrt. Ich war nie ein Ordnungsfanatiker, aber nun mußte ich wahre Glanzleistungen vollbringen. Jedes T-Shirt, jedes Unterhemd, jeder Anzug, einfach alles hatte seinen vorbestimmten Platz. Damit aber nicht genug, mußten die meisten Sachen einzeln in Zeitungspapier verpackt und auf Kante gelegt werden. Die Überprüfung der Schrankordnung erfolgte regelmäßig, also war ein Mogeln nicht möglich, und obwohl ich mich wirklich immer sehr bemühte, konnte ich der vorgegebenen Norm nie entsprechen.

Ausgestattet mit unserer Uniform und versehen mit dem Wehrdienstausweis, der uns schon einen halben Monat vor der Einberufung in unserem Heimatort ausgehändigt worden war, begaben wir uns dann zum Fotografen, um das Paßbild für den Ausweis anfertigen zu lassen. Danach wurde uns das gesamte Objekt vorgeführt, unter anderem der Appellplatz, der Speisesaal, der Sportplatz und die Militärische Handelsorganisation. Von der MHO war ich besonders beeindruckt, weil es dort Lebensmittel wie Ananas in Büchsen und auch Bekleidung zu kaufen gab, die in der DDR eine Rarität waren.

Anschließend gingen wir gesammelt in den Speisesaal. Anfangs war es schwer, sich daran zu gewöhnen, daß man für die Mahlzeiten nur eine bestimmte Zeit zur Verfügung hatte. Wenn der entsprechende Befehl ertönte, hieß es mit dem Essen aufzuhören, sich zu erheben und in einer vorgegebenen Reihenfolge den Speisesaal zu verlassen. Besonders die Zeit zum Frühstücken empfanden alle als zu kurz, so daß wir sie später nur noch dazu nutzten, uns so viele Brötchen wie möglich zu belegen, um sie dann in der Unterkunft zu verspeisen.

Ansonsten fand ich die Armeeküche weder besonders gut noch besonders schlecht. Weil wir von den vielen Aktivitäten immer sehr hungrig waren, schlangen wir mehr oder weniger alles in uns hinein, was uns angeboten wurde.

Jeden Morgen gegen sechs Uhr ertönte auf dem Flur der Befehl zum Aufstehen. Man hatte dann etwa eine Minute Zeit, um in seinen Trainingsanzug zu schlüpfen, sich die Sportschuhe zuzubinden und sich auf dem Flur vor seinem Zimmer aufzustellen. Dann ging es mit der ganzen Kompanie, die aus wenigen Frauen und unzähligen Männern bestand, zum Frühsport. Im täglichen Wechsel absolvierten wir entweder einen nie enden wollenden Dauerlauf oder spezielle gymnastische Übungen mit Panzerkettengliedern, die uns fast noch mehr verhaßt waren.

Die Tage waren vollgestopft mit sportlichen Aktivitäten, Schießübungen, Waffenreinigen, endlosen Märschen, theoretischer Ausbildung, Exerzierübungen und Appellen. Ich hatte oft das Gefühl, nicht zum Luftholen zu kommen, es wurde einem oftmals die ganze Kraft abverlangt, und nicht selten hätte ich am liebsten aufgegeben.

Wir Frauen wurden in keiner Weise bevorzugt behandelt. Wir hatten, außer dem Überwinden der Eskaladierwand, dieselben Aufgaben zu vollbringen und an allen Aktivitäten teilzunehmen wie die Männer. Besonders anstrengend waren die langen Feldmärsche, bei denen wir, am Ziel angekommen, unter anderem Schießübungen, Handgranatenwerfen, Tarnen im Gelände, Robben und Überwinden von Hindernissen jeglicher Art zu vollbringen hatten. Diese Märsche dauerten meist viele Stunden, und mitunter kamen wir erst nachts in die Kaserne zurück. Obwohl wir vor Erschöpfung auf der Stelle hätten einschlafen können, erfolgte noch das allgemeine Waffenreinigen, egal, ob die Waffe benutzt worden war oder nicht. Hatten wir die Waffe endlich im Waffenlager abgegeben, waren wir unendlich glücklich, uns in die Unterkunft begeben zu können, um dort todmüde ins Bett zu fallen.

Ich litt in dieser Zeit, während der wir keinen Heimaturlaub bekamen, sehr stark unter Heimweh, schrieb sehnsüchtige Briefe nach Hause und weinte mich so manches Mal in den Schlaf.

Von den Ereignissen, die draußen vor sich gingen, bekamen wir nichts mit. Es gab zwar in jeder Etage einen Fernsehraum, den wir aber nur betreten durften, wenn wir die Anweisung dazu erhielten, und dann auch nur, um irgendwelche Gruppensitzungen abzuhalten. Der Besitz von Radios war nicht erlaubt, politisch wurden wir nicht mehr informiert. So traf uns die Nachricht vom Fall der Mauer völlig unvorbereitet und löste im ersten Augenblick einen allgemeinen Schockzustand aus. Ich konnte es, wie andere auch, zunächst nicht glauben. Kein Offizier war in der Lage, dieses Ereignis einzuschätzen oder eine Vorstellung über seine Auswirkungen zu entwickeln. Wir diskutierten viel darüber, aber es waren alles Spekulationen. Einer meiner ersten Gedanken war, daß ich nun vielleicht meinen Vater wiedersehen würde.

Nach Beendigung der Grundausbildung blieben sechs Frauen und ich in Bad Düben und nahmen die Ausbildung auf. Wir wurden in zwei Gruppen aufgeteilt, in die der Funker und in die der Chiffreure, das waren die Codierer und Decodierer. Ich wurde der letzteren zugeordnet. Das hat mich ziemlich überrascht, da ein Chiffreur Träger von geheimen Informationen ist und mit vertraulichen Verschlußsachen zu tun hat und ich in meiner Bewerbung die Wahrheit über meinen Vater angegeben hatte. Da ich aber wenig über das Ausmaß seines Verrats wußte, nahm ich an, daß es vielleicht nicht so bedeutend gewesen war, und machte mir keine weiteren Gedanken darüber.

Die Fachausbildung war wesentlich angenehmer als die Grundausbildung. Der Frühsport blieb zwar Pflicht, und auch sonst waren noch diverse Übungen und Märsche zu absolvieren, aber längst nicht mehr in dem Umfang wie vorher. Vormittags erfolgte meist der Unterricht in der Theorie, und am

Nachmittag hatten wir manchmal sogar Freizeit, konnten uns sportlich betätigen, das Freilichtkino besuchen und sogar Ausgang beantragen, der bei entsprechender Führung auch genehmigt wurde. Ich habe diese Möglichkeit in der ersten Zeit kaum genutzt, und später, als mir Ausgang wichtig wurde, hat man ihn mir leider oft wegen kleinerer Regelverstöße wie mangelnde Sorgfalt bei der Stuben- und Revierreinigung wieder gestrichen. Aber die wichtigste Veränderung war: An den Wochenenden durften wir nach Hause fahren.

Die neu gewonnene Freizeit gab Raum für manche Liebelei, und auch ich hatte meinen heimlichen Schwarm. Er war einer unserer Ausbilder, und obwohl es mir mitunter so vorkam, als würde er mich länger als notwendig anschauen, wäre ich niemals auf die Idee gekommen, ihm zu zeigen, wie sehr er mir gefiel. Eines Tages – ich hatte wegen verstärkten Haarausfalles eine Stahlhelmbefreiung, konnte ich an einem bevorstehenden Marsch nicht teilnehmen, und so wurde mir und noch einer Frau, die unter Magenbeschwerden litt, die Weisung erteilt, in der Männeretage die Türen zu schrubben. Bei Erteilung der Weisung hatte ich wahrscheinlich nicht richtig hingehört und bin fälschlicherweise davon ausgegangen, daß die Türen von außen und auch von innen zu putzen seien, so daß ich auch die Zimmer betrat. Noch am selben Abend mußte ich mich bei dem Ausbilder, meinem heimlichen Schwarm, melden.

Ich war schrecklich aufgeregt, als ich sein Zimmer betrat, denn inzwischen wußte ich natürlich, daß ich die Arbeit falsch verrichtet hatte. Er saß allein am Tisch, und ohne daß er überhaupt zu Wort kam, entschuldigte ich mich hastig dafür, die Türen auch von innen geputzt zu haben. Daraufhin lachte er und meinte, ob ich wirklich glaubte, daß er mich deswegen zu sich gerufen habe. Nach einer kurzen Verlegenheitspause sagte er dann unvermittelt, daß ich ihm sehr gefiele und er mich gern näher kennenlernen würde. Ich konnte kaum glauben, was ich hörte. Er stand auf, küßte mich, gestand, daß er verheiratet sei, und fragte mich, ob mir das was ausmachte. Es störte mich nicht, ich war sehr verliebt in ihn und überglücklich.

Wir trafen uns meist abends in seinem Zimmer, und manchmal richtete er es so ein, daß er am Wochenende aufgrund vorgegebener Dienste nicht nach Hause fuhr und wir die gesamte Zeit gemeinsam verbringen konnten. Ich habe das Zusammensein mit ihm genossen, und es dauerte an bis zum Ende meiner Ausbildung. Die Trennung fiel mir sehr schwer.

Er hat mich später dann noch einmal in Cottbus besucht und mir etwas erzählt, von dem ich anfangs glaubte, er mache sich einen Scherz mit mir. Schon bevor ich nach Bad Düben gekommen war, habe er über mich Bescheid erhalten. Er sei von der Staatssicherheit verpflichtet worden, sich an mich heranzumachen, um mich auszuhorchen. Worüber, habe man ihm nicht gesagt. Dann habe er sich aber tatsächlich in mich verliebt und die Verbindung zur Staatssicherheit abgebrochen. Ich war entsetzt darüber und enttäuscht von ihm und konnte mir andererseits überhaupt nicht vorstellen, was die Staatssicherheit geglaubt hatte, über mich herausfinden zu können. Später erklärte ich es mir so, daß sie angenommen hatte, mein Vater würde heimlich mit mir Verbindung aufnehmen und sie könnte über mich seinen Aufenthaltsort erfahren. Vielleicht hatte sie aber auch geglaubt, ich hätte die Armeelaufbahn bewußt gewählt, um an geheime Informationen zu gelangen und in die Fußstapfen meines Vaters zu treten.

Mit beidem hatten sie sich gründlich geirrt. Mein Vater hätte in der Zeit vor der Wende niemals versucht, mit mir in Verbindung zu treten, selbst wenn er es gewollt hätte. Das Risiko, auf diese Weise doch noch gefaßt zu werden, war viel zu groß. Und obwohl ich zum Zeitpunkt meiner Bewerbung bei der NVA bereits wußte, wer mein Vater war, wäre ich niemals auf die Idee gekommen, es ihm, wie auch immer, gleichzutun. Es hätte einmal meiner damaligen politischen Überzeugung widersprochen, und zum anderen fehlte es mir vollkommen an derartiger Risikobereitschaft, Gewissenlosigkeit und Nervenstärke. Ich stürze mich zwar mitunter durch Unbedachtheit in Situationen, deren Folgen ich nicht gründlich bedenke, sie schaden am Ende aber nur mir selbst. Ich bin nicht fähig, anderen Menschen bewußt Schaden zuzufügen.

Nach meiner Ausbildungszeit in Bad Düben wurde ich, meinem Wunsch entsprechend, dem Armeestützpunkt Cottbus zugeordnet. Ich freute mich darüber, nun wieder jeden Tag zu Hause sein zu können. Trotz unserer vielen Streitereien und des teilweise mangelnden Verständnisses füreinander suchte ich immer noch die Nähe meiner Mutter.

Meinen Dienstantritt hatte ich in der Albert-Zimmermann-Kaserne. Das Auftreten in Uniform im zivilen Bereich war mir ziemlich unangenehm und wurde auch später nie selbstverständlich für mich. Obwohl es in der DDR durchaus üblich war, daß Frauen in der Armee dienten, war ihre Anzahl doch gering. Ich fühlte mich stets wie jemand, den man in ein unpassendes Kostüm gesteckt hatte und der nun dem Starren der Leute ausgesetzt war. Vor allem machte es mir sehr zu schaffen, der Vorschrift einer tadellos in Schuß gehaltenen Armeekleidung genügen zu müssen. Die Sachen mußten stets sauber und frisch gebügelt sein, und ich hatte häufig das Pech, mich zu bekleckern oder sonstwie zu beschmutzen. Hinzu kam ein großer Verschleiß an Feinstrumpfhosen, die ich mir ständig an irgendwelchen Gegenständen zerriß. Ich hätte bei der Auswahl meiner Armeebekleidung auch Hosen wählen können, die ich sowieso viel lieber trug, hatte mich aber nach dem ersten Blick in den Spiegel doch für den Rock entschieden, zu dem man diese Feinstrumpfhosen zu tragen hatte. Ein Paar kostete damals ungefähr zwölf Mark, das war ziemlich teuer. Da ich bei der Armee aber bereits in der Anfangszeit sehr gut verdiente und zu Hause nur einen geringen Teil meines Einkommens abgeben mußte, machte es mir nicht so viel aus.

Schon am Tag vor meinem Dienstantritt war ich sehr aufgeregt. Ich bin kein Mensch, der Neuem generell ängstlich gegenübersteht, aber doch jemand, der lange Zeit lieber an Altbewährtem festhält. Die Kaserne konnte ich mit dem Bus mühelos erreichen. Nach und nach stiegen mehr und mehr Uniformierte zu, und nach dem Aussteigen mußte ich dann nur mit der Masse mitlaufen.

Das Dienstgebäude, in dem ich mich zu melden hatte, fand ich schnell. Es handelte sich um die Standortfernmeldeanlage 838/503 mit der Bezeichnung »Verbandnachrichtenzentrale 31«, die künftig mein Arbeitsplatz sein sollte. Ich betrat den Eingang, stieg eine Treppe hinauf und klingelte an der mit Gittern versehenen Tür. Eine Frau in Zivilkleidung ließ mich ein, und ich gelangte in einen langen Flur. Gleich rechts neben dem Eingang befand sich ein Raum, der vom jeweils zuständigen Disponenten als Dienstzimmer und von den dort tätigen weiblichen Zivilangestellten als Pausenraum genutzt wurde. Die einzige Tür auf der linken Seite führte in die SAS- und Chiffrierzentrale, also meinen Arbeitsplatz. Die Bezeichnung SAS ist das russische Kürzel für Spezialnachrichtengerät, gesprochen Spezialnuie Apparaturui Swjasi, ein Gerät für das Chiffrieren und Dechiffrieren verschlüsselter Verbindungen, das in der Sowjetunion hergestellt worden war.

Die Hauptaufgabe eines Chiffrierdienstes besteht darin, die Geheimhaltung zu übertragender Informationen durch Verschlüsselung zu sichern und sie auf diese Weise vor Abhören und Spionage zu schützen. Chiffrieren bedeutet, mittels mathematischer und technischer Verfahren die Nachrichteninformation zu verändern und für Unbefugte in nicht lesbare oder deutbare Texte umzuwandeln, also aus einem Klartext einen Geheimtext zu machen. Das Dechiffrieren ist die Wiederherstellung der Ursprungsinformation aus einer verschlüsselten Information, also die Umwandlung des Geheimtextes zurück in einen Klartext.

Es war eine anspruchsvolle Aufgabe, die mir Spaß machte.

Anfangs störte es mich ein wenig, daß ich in der Zentrale der einzige weibliche Chiffreur war. Ich befürchtete, von den Männern nicht anerkannt zu werden, was sich aber bald als Irrtum herausstellte. Geleitet wurde diese Zentrale von einer älteren NVA-Angehörigen, die ihre Aufgabe sehr ernst nahm und uns ständig dazu anhielt, es ihr gleichzutun. Ihre Kontrollen führte sie mit außerordentlicher Präzision durch. Bei eventuellen Fehlern kannte sie kein Erbarmen, war aber sonst eine warmherzige Frau, die für unsere Probleme jederzeit ein Ohr hatte.

In dieser Zeit besuchte ich mit einer Freundin an einem Wochenende West-Berlin. Der Besuch endete für uns katastrophal. Wer von uns auf die Idee gekommen war, weiß ich heute nicht mehr, aber überwältigt von den vielen schönen Sachen, die wir dort sahen, begannen wir, kleine Utensilien wie Lippenstifte und Wimperntusche in unseren Taschen verschwinden zu lassen. Beim ersten Mal fürchtete ich, mich allein schon durch meinen Blick zu verraten, und beim Verlassen des Geschäftes hatte ich das Gefühl, mir würden die Beine den Dienst versagen.

Nach dem ersten gelungenen Versuch erfaßte uns aber ein regelrechtes Hochgefühl, und wir staunten darüber, wie einfach es doch war. Anfangs beließen wir es dabei, kleinere Dinge mitgehen zu lassen, und da es jedesmal gelang, wagten wir uns bald an größere Sachen. In einem Bekleidungshaus ließen wir erst einige Slips in unserer Tasche verschwinden. Dann verloren wir jegliche Hemmungen und begaben uns, beladen mit Jeanshosen und Jacken, in die Umkleidekabine. Ich stopfte eine Jeanshose in eine meiner Einkaufstüten und legte zur Tarnung etwas darüber. Meine Freundin war noch wagemutiger als ich. Sie hatte eine tolle Jeansjacke anprobiert, behielt sie an, zog sich ihre eigene darüber und war zuversichtlich, daß niemand das bemerken würde. Dann strebten wir dem Ausgang entgegen und freuten uns schon darüber, wie gut das wieder geklappt hatte. Kurz vor dem Ausgang rief uns eine männliche Stimme zurück. Mit angstvoll geweiteten Augen drehten wir uns zu dem Mann um. Er war ein Kaufhausdetektiv, wie das Schild auf seinem Hemd deutlich erkennen ließ, und forderte uns auf, mit ihm mitzukommen. In dem Moment war uns klar, daß wir zu weit gegangen waren.

Wir wurden in einen Raum geführt und angewiesen, den Inhalt unserer Beutel und Taschen auf dem Tisch vor uns zu entleeren. Als die Slips zum Vorschein kamen, bin ich vor Scham fast im Boden versunken. Hinzu kamen noch die Kosmetiksachen, die wir in den anderen Geschäften hatten mitgehen lassen, was wir auch sofort zugaben. Wir flehten ihn an, uns laufen zu lassen, erklärten ihm, wie es so weit kommen konnte, daß wir aus der DDR kämen, wo wir von solchen Sachen bisher nur geträumt hatten, und jetzt, da sie so greifbar nahe vor uns lagen, jedoch unerschwinglich waren, der Versuchung erlegen seien. In seinem Blick glaubte ich einen Anflug von Mitleid zu erkennen, aber er war verpflichtet, die Polizei zu rufen. Sie fuhr uns in das Polizeipräsidium. Ich fühlte mich wie ein Schwerverbrecher und hielt während der Fahrt den Kopf gesenkt, weil ich glaubte, daß jeder uns anstarren würde. Im Präsidium wurden wir voneinander getrennt, und jede von uns erhielt eine Polizistin zugewiesen. Sie führte mich in einen großen Raum, in dem sich einige Gefängniszellen befanden. Ich bekam die Order, mich an die Wand zu stellen, und wurde von ihr von oben bis unten abgetastet. Danach öffnete sie mit dem Schlüssel eine der Zellen und forderte mich auf, hineinzugehen. Die Zelle war maximal zwei mal zwei Meter groß, an den Wänden waren Sprüche wie »Wenn Du einmal hier drin bist, kommst Du nie wieder raus«, was meine entsetzliche Angst noch verstärkte. In dem Glauben, daß meine Freundin in einer Zelle nicht weit von meiner untergebracht sei, rief ich weinend mehrmals nach ihr. Ich erhielt keine Antwort und glaubte deshalb, daß sie mich für das Ganze verantwortlich machte und nichts mehr mit mir zu tun haben wollte. Nach einer langen Zeit erschien die Polizistin erneut, öffnete die

Zelle und führte mich in ein Vernehmungszimmer, in dem ein sympathisch aussehender Polizist hinter einem Tisch an einer Schreibmaschine saß. Ich wurde aufgefordert, auf einem Stuhl Platz zu nehmen, und er ließ sich meinen Personalausweis geben. Nachdem ich ihm den ganzen Sachverhalt noch einmal geschildert hatte, hielt er mir in nettem, dennoch eindringlichem Ton eine Standpauke und meinte, daß ich als Ältere – meine Freundin war knapp ein Jahr jünger als ich – auch die Vernünftigere hätte sein müssen. Ich fragte ihn, ob meine Mutter und meine Arbeitsstelle von diesem Vorfall in Kenntnis gesetzt werden würden. Er muß mir meine Verzweiflung angesehen haben, denn er verneinte das unter der Bedingung, daß es bei diesem einen Mal bliebe. Mir war, als würde eine Zentnerlast von mir abfallen, und ich versprach ihm nochmals, daß das bestimmt nicht noch einmal vorkommen werde. Er wies mich an, auf dem Gang vor dem Zimmer Platz zu nehmen, und ich sah, wie meine Freundin in den Raum geführt wurde. Als sie mit tränenüberströmtem Gesicht wieder erschien, fielen wir uns vor Erleichterung in die Arme.

Es war bereits Nacht, als wir wieder zu Hause ankamen. Am folgenden Tag saß uns der Schreck noch immer in den Gliedern, aber wir mußten auch über unsere eigene Dummheit lachen. Es war eine heilsame Schocktherapie.

Die Sache hatte aber doch noch ein Nachspiel. Eines Tages kam ich nach Hause, und meine Mutter wedelte mit einem Brief vor meiner Nase herum. Da war mir klar, daß der Polizist nicht Wort gehalten hatte. Sie bezeichnete mich als Verbrecherin, behauptete, mir kein Wort davon zu glauben, daß es nicht mehr vorkommen würde, und verglich mich, wie schon manchmal zuvor, mit meinem Vater. Ich sei genauso wie er. Diese Worte taten mir immer sehr weh, weil mir die Meinung meiner Mutter über meinen Vater hinreichend bekannt war. Wenigstens aber hatte die Polizei es unterlassen, meine Dienststelle zu informieren. Das hätte äußerst unschöne Konsequenzen für mich gehabt.

Meine Tätigkeit als Chiffreur dauerte insgesamt etwa ein halbes Jahr. Am liebsten mochte ich auch hier die Nachtschichten, bei denen ein diensthabender Chiffreur, eine Zivilangestellte, die für die Fernschreib- und Fernsprechzentrale zuständig war, und ein Disponent anwesend waren. Arbeit gab es in den Nächten nur wenig, und wir verbrachten die Zeit damit, ausgiebige Gespräche über die Veränderungen im Land zu führen, Mensch-ärgere-dich-nicht oder Würfel zu spielen und herumzualbern. Außerhalb der Nachtschichten hatte ich sonst kaum Kontakt zu den weiblichen Zivilangestellten, die in reichlicher Anzahl in der Kaserne arbeiteten. Das hat man mir, wie oft, als Arroganz ausgelegt.

Nachdem die DDR mit der Bundesrepublik vereint worden war, erfolgte bald die Entlassung der weiblichen Armeeangehörigen aus der erweiterten Bundeswehr. Das bedeutete auch mein Aus als Chiffreur. Mein Dienstverhältnis wurde in ein Arbeitsverhältnis als Zivilangestellte umgewandelt, und ich arbeitete nun wie die anderen Frauen in der Fernmelde- und der Fernsprechzentrale. Bald fühlte ich mich wie eine von ihnen, und von der vorherigen Distanz war nichts mehr zu spüren. Die Arbeit war nicht ganz so anspruchsvoll, aber ich fand mich in kurzer Zeit damit ab.

Zu Hause herrschte zu dieser Zeit eine ziemlich schlechte Stimmung. Nach Auflösung der Staatssicherheit wurde mein Stiefvater arbeitslos, und es stellte sich bald heraus, daß er mit der Uniform auch seine Stärke abgelegt hatte. Das war, wie ich später erkannte, nicht verwunderlich. Er hatte nicht lange zuvor seine Tochter, mit ihr seine Ehefrau und nun auch seine Arbeit verloren. Seine politische Überzeugung, an der er bis zur letzten Stunde festgehalten hatte, galt nichts mehr. Ich habe ihn manchmal so verachtet, wenn er, nur in Unterwäsche bekleidet, betreten durch die Wohnung schlich und sich um nichts mehr kümmerte. Seine Tagesbeschäftigung bestand lange Zeit nur im Kreuzworträtsellösen. Diese Ist-doch-sowieso-allessinnlos-Haltung konnte ich nicht verstehen. Manchmal empfand ich ihn nur noch als einen störenden Fremdkörper.

Heute frage ich mich, mit welchem Recht ich ihn so verurteilt habe. Ich wünschte mir, ich hätte mich manchmal zu ihm gesetzt, um mit ihm zu reden und ihm zuzuhören. Er hatte in der Familie niemanden mehr, der sich wirklich für ihn interessierte. Wenn es darum geht, andere Menschen für unverständliche Handlungsweisen zu verurteilen, sind wir oft schnell bei der Sache, aber im Laufe meines Lebens habe ich auch aufgrund meiner eigenen Verfehlungen die Erfahrung gemacht, daß man nicht verurteilen darf, ohne die Hintergründe wirklich zu kennen und sich darum bemüht zu haben, sie zu verstehen. Es gibt menschliches Fehlverhalten, das nicht entschuldbar ist, aber die Selbstaufgabe meines Stiefvaters gehört nicht dazu.

Nur meine Mutter bewies in dieser Zeit noch einmal große Stärke und schrieb für ihn die Bewerbungen. Lange kamen nur Absagen, was ihn in seiner Verlorenheit zusätzlich bestärkt haben muß. Schließlich bekam er doch noch Arbeit bei der Deutschen Bahn und gewann einen geringen Teil seiner Selbstachtung zurück.

Das Verhältnis untereinander wurde trotzdem nicht besser. Besonders verhaßt war mir Weihnachten, wenn alle verzweifelt versuchten, eine heile Familie zu beschwören. Es tat nur weh, sich so ungeschickt im Selbstbetrug zu üben, und ich habe gespürt, daß das alle so empfanden. Meine Mutter sagte oft zu mir, daß sie sich am liebsten von meinem Stiefvater trennen würde, doch sie fühlte Mitleid mit ihm. Sie brauchte zwei Jahre, bis sie fähig war, ihr Vorhaben in die Tat umzusetzen und sich scheiden zu lassen. Die Tatsache, daß sie inzwischen erfahren hatte, daß auch er von der Staatssicherheit auf sie angesetzt worden war, hatte damit nichts mehr zu tun.

Nicole Glocke

Versuch einer Annäherung an den Vater. Wer war Werner Stiller?

Jetzt war ich also in Berlin, kannte niemanden und hatte obendrein eine Lebenskrise zu bewältigen. Ich hatte das Gefühl, daß mich die Vergangenheit geradezu umklammerte und mich zu ersticken drohte. Jeden Tag mußte ich auf meinem Weg zur Arbeit am Bahnhof Friedrichstraße aussteigen. Bevor die S-Bahn über die Spree rollte und den Bahnhof erreichte, fuhr ich außerdem an einer früheren konspirativen Wohnung des MfS vorbei, in der mein Vater immer abgestiegen war, wenn er sich mit seinen Führungsoffizieren in Ost-Berlin getroffen hatte. Sie befand sich in dem Gebäude, wo heute die Kneipe Ständige Vertretung untergebracht ist. Das hatte mir meine Mutter erzählt. Und dieser Bahnhof Friedrichstraße. Hier war jener »Unbekannt« geflohen, durch dessen mitgeführte Unterlagen mein Vater enttarnt werden konnte. Ich spazierte um den Bahnhof herum und horchte in mich hinein, um mir seinen Namen in das Gedächtnis zu rufen: Werner Stiller. Wer war dieser Mann? Den Namen kannte ich, seitdem mein Vater nach seiner Haftentlassung gesagt hatte, daß dieser Mann den Tod verdiene. Irgendwelche Gespräche darüber hatte es in unserer Familie jedoch nie gegeben, und ich hatte mich darum auch nicht bemüht.

Ich ahnte, daß mir eine schwierige Auseinandersetzung bevorstand, auf die ich mich gründlich vorbereiten mußte, damit die Informationen nicht wahllos auf mich einstürzten. Daher erstellte ich eine Art Aufarbeitungs-Stundenplan für das Wochenende: Vormittags stand Fachlektüre über die

Strukturen und Arbeitsmethoden des Ministeriums für Staatssicherheit auf dem Programm, nachmittags die Besichtigung diverser Gedenkstätten.

So besuchte ich unter anderem das ehemalige Staatssicherheits-Gefängnis in Hohenschönhausen und den früheren Dienstsitz von Erich Mielke in der Normannenstraße. Ich fand die Orte interessant und auch bedrückend, aber einen besonderen Bezug dazu entwickelte ich nicht, ich betrachtete sie aus der Sicht einer normalen Touristin.

Vielleicht lag das daran, daß ich mich bislang nie wirklich für die DDR interessiert hatte. Eine Klassenreise nach Ost-Berlin hinterließ keine bleibenden Eindrücke, wenn ich von den Warteschlangen vor den wenigen Cafés und dem schalen Geschmack der Cola einmal absah. Einige Male schmuggelte ich mit einer katholischen Jugendgruppe meiner Gemeinde politische und religiöse Literatur für ihre Partnergemeinde in Köpenick hinüber. Das tat ich aber nicht aus politischem Bewußtsein, sondern aus reiner Abenteuerlust. Unsere Treffen und Gespräche mit den ostdeutschen Jugendlichen aus der Gemeinde verliefen schleppend, die jeweiligen sozialen Prägungen und unser Lebensgefühl waren zu verschieden. Wir Westjugendlichen sprachen über die aktuellsten Kinofilme und die neuen Großdiskotheken, die in jener Zeit gebaut wurden. Speziell in Berlin dachten wir primär an unsere nächtlichen Partys und daran, wer aus unserer Gruppe gerade in wen verliebt war. Alles andere interessierte uns wenig. Bei mir kam noch hinzu, daß ich weder etwas mit der sozialistischen Ideologie noch etwas mit der christlichen Religion anfangen konnte. Ich wußte daher nie so recht, worüber ich mich mit meinen ostdeutschen Gesprächspartnern unterhalten sollte, und den anderen erging es trotz ihres gemeinsamen Glaubens ähnlich. Es lag sicherlich auch daran, daß die Begegnungen zu selten stattfanden. Deshalb war es kein Wunder, daß nach der Wende der Kontakt fast vollständig abbrach.

Vor kurzem suchte ich mit einem früheren Bekannten aus meiner Gemeinde noch einmal die Kirche in Köpenick auf. Die Fassade hatte man inzwischen renoviert, aber im Innern des Pfarrhauses sah es genauso aus wie damals. Auch der Saal, in dem unsere Gespräche stattgefunden hatten, war unverändert, selbst das Klavier stand noch in derselben Ecke. Und wir nahmen denselben Geruch wahr, der an ein Desinfektionsmittel erinnerte.

Dadurch, daß ich Ost-Berlin immer im Winter besucht hatte, war mir die DDR grau, dunkel und bitterkalt erschienen. Mir fehlten die bunten Leuchtreklamen, das muntere Treiben auf den Straßen, die Kneipen und Restaurants und die mit unterschiedlichsten Waren und Gegenständen dekorierten Schaufenster. Wenn ich durch die Straßen lief, überkam mich immer das Gefühl, mich in den dreißiger Jahren zu befinden. Die Bezeichnung der Bahn als Reichsbahn, die alten S-Bahnstationen und die winzigen Papptickets verstärkten meinen Eindruck, auf einer Zeitreise zu sein.

Meinen Stundenplan für den Erwerb grundlegender Kenntnisse über die Strukturen der DDR, insbesondere der Staatssicherheit, hielt ich eisern ein. Nach etwa drei Monaten prüfte ich mich selbst und kam zu dem Schluß, daß ich nun das notwendige Grundwissen besaß, um mich der geheimdienstlichen Arbeit meines Vaters zu widmen. In der Bibliothek bestellte ich mir alle Presseartikel, die seit 1979 über ihn oder Werner Stiller geschrieben worden waren.

In dem großen Stapel befanden sich nur drei Artikel über meinen Vater. Es war paradox: Ich las schwarz auf weiß Dinge, die mir neu waren, die ich aber schon immer geahnt hatte. Dabei mußte ich mir eingestehen, daß diese Spionagegeschichten eine gewisse Faszination auf mich ausübten. Besonders interessant fand ich das Chiffrierwesen und die konspirativen Regeln für die Einrichtung toter Briefkästen. Sie erinnerten mich an meine Kinderspiele mit der Totenkopfbande. Ich bedauerte jetzt, daß mir nur wenige Erinnerungen an meinen Vater aus dieser Zeit geblieben waren, so zum Beispiel, daß er mich streng angewiesen hatte, nichts gegen die CDU zu sagen. Daran habe ich mich aber grundsätzlich nicht gehalten, weil meine Oma SPD wählte und sie für mich ausschlaggebend war.

In einem Artikel hatte Stiller meinen Vater als Spitzenagenten bezeichnet. Ich wußte nicht, ob dies der Wahrheit entsprach, aber ein Spitzenagent als Vater war mir lieber als ein einfacher Kurier im niederen Rang, der die Geheimtinte und den Kleinstfotoapparat geliefert hatte. Und dieser Stiller begann mich zu interessieren.

Aber zunächst stand Weihnachten vor der Tür, und ich entschied mich, nach Hause zu fahren. Auf meinem Stundenplan standen zwei Gespräche, die ich führen wollte: mit meinem Vater und mit meiner Freundin Birgit, die ich seit meinem fünften Lebensjahr kannte. Auch mit ihr hatte ich nie über die Geschehnisse von 1979 geredet. Ich beschloß, mich zunächst mit meiner Freundin zu treffen.

Birgit und ich hatten uns schon lange nicht mehr gesehen, und daher begann ich unser Gespräch mit alltäglichen Themen. Trotz aller Vertrautheit kostete es mich Überwindung, sie schließlich danach zu fragen, wie sie die Verhaftung meines Vaters damals empfunden hatte. Ihre Sicht war mir hilfreich. Damals hatten ihre Eltern gesagt, hör mal, was der Papa von Nicole getan hat, dafür kann sie nichts, und deshalb gibt es keinen Grund, nicht weiter mit ihr zu spielen. Auch meine anderen Klassenkameraden hätten nichts hinter meinem Rücken gesagt. In der Tat hat deshalb niemand den Kontakt zu mir abgebrochen oder mich deswegen gehänselt. Das war wohl der Grund, warum es mir damals gelang, mein Leben einigermaßen normal weiterzuführen. Meine Freundin erzählte weiter, daß mein Vater ihr stets unheimlich erschienen sei. Als Kind habe sie den Eindruck gehabt, daß unsere Wohnung für ihn eine Art Nebenschauplatz gewesen sei, sein eigentliches Leben aber ganz woanders stattgefunden habe. Sie habe sich außerdem gefragt, was für eine Beziehung meine Eltern eigentlich führten. Ob das überhaupt eine sei. Eine interessante Frage, wie ich fand. Sie zeigte einmal mehr, daß Kinder viel mehr wahrnehmen, als es die Älteren wahrhaben wollen. Zum Schluß fragte ich sie, warum sie mich in all den Jahren unserer Freundschaft nie darauf angesprochen habe. Sie antwortete, sie habe gespürt, wie sehr ich mich schämte, und sie habe mich deshalb einfach in Ruhe lassen wollen. Das Gespräch tat mir gut.

Derartig gestärkt nahm ich all meinen Mut zusammen und fragte einen Tag später zum ersten Mal meinen Vater nach seiner Tätigkeit als Westagent für die Staatssicherheit. Es sollte das einzige Gespräch bleiben, das ich mit ihm darüber führte.

Mein Vater war erstaunt, daß ich dieses Thema nach so vielen Jahren ansprach. Nach einigem Hin und Her erzählte er dann überraschend viel. Etliches davon hatte ich mittlerweile selbst recherchiert, die Dimension seiner Tätigkeit allerdings erschütterte mich:

Bereits als Jugendlicher baute mein Vater nach dem Krieg im Ruhrgebiet illegal die FDJ auf. Zu dieser Zeit besaß er schon viele Kontakte zu Ost-Berliner Genossen, die ihn in Herne besuchten und bei ihm übernachteten. Als die FDJ Anfang der fünfziger Jahre in der BRD verboten wurde, trat er in die SPD ein (die er aber, wie ich später vom Bundesnachrichtendienst erfuhr, aufgrund seines Fanatismus wieder verlassen mußte. Danach wurde er auf Anweisung der Staatssicherheit CDU-Mitglied). Seit 1956 bereits, noch bevor er meine Mutter heiratete, war er nach seinen Angaben Mitglied der SED und für das Ministerium für Staatssicherheit tätig, zum Zeitpunkt seiner Enttarnung angeblich sogar im Range eines Majors. Aufgrund seines westdeutschen Passes galt er als idealer Mitarbeiter, weil er im Gegensatz zu DDR-Bürgern, die in Westdeutschland einer geheimdienstlichen Funktion nachgehen sollten, keine Legende für die Einschleusung in die BRD brauchte. Mein Vater schien seinen Worten nach so eine Art Mädchen für alles gewesen zu sein: Als Romeo versuchte er ab und an, Sekretärinnen für das MfS anzuwerben, als Offizier im besonderen Einsatz will er eine sogenannte Residentur geführt haben. Die nachrichtendienstliche Ausbildung erhielt er, wie er sagte, parallel zu seinem Soziologie-Studium in West-Berlin. Er erlernte das Schreiben mit Geheimtinte, operative Methodik, Kleinstfotografie, wurde in Übermittlungstechniken unterwiesen und vertiefte durch den obligatorischen Unterricht in Marxismus-Leninismus sein Klassenbewußtsein und seine revolutionäre Wachsamkeit.

Geld hatte er für seine Dienste nicht angenommen, weil er genug in seinem anderen, bürgerlichen Beruf verdiente. Wenn seine Auszeichnungen mit Prämien verbunden gewesen waren, hatte er es dem Vietcong gespendet. Zweimal war er von Markus Wolf und Erich Mielke ausgezeichnet worden. Nach seiner Haft hatte er vom MfS allerdings eine Entschädigung erhalten.

Mein Vater bezeichnete Markus Wolf als »alten Kämpfer«. Erich Mielke hingegen hat nach Auffassung meines Vaters die gesellschaftlichen Entwicklungen nicht mehr erkannt und richtig einzuschätzen gewußt. Statt so viele Menschen zu bespitzeln, hätte er die wirklichen Dissidenten bekämpfen müssen. Mielke sei zu sehr mit der Zeit des Dritten Reiches und der in dieser Zeit herrschenden konspirativen Arbeit verbunden gewesen, so daß er nicht mehr habe erfassen können, daß die Gegner andere geworden waren. Seine Kampfmethoden seien veraltet gewesen, sie hätten der veränderten Zeit angeglichen und der Kampf gegen die Kapitalisten und Konterrevolutionäre hätte mit anderen Mitteln geführt werden müssen.

Seiner Aussage nach hatte mein Vater für mehrere Abteilungen des MfS gearbeitet: für den Sektor Wissenschaft und Technik, für die Abteilungen Staatsapparat BRD, Parteien und Massenorganisationen BRD und für die militärische Aufklärung. Seine konspirativen Treffs fanden in Wien, Helsinki und in Bulgarien statt. In Ost-Berlin traf er sich mit seinen Führungsoffizieren im Café Moskau und im Hotel Stadt

Berlin am Alexanderplatz, dem späteren Hotel Forum. Für die von ihm überbrachten Dokumente interessierten sich sogar der sowjetische KGB und die Geheimdienste Bulgariens und der Tschechoslowakei. Mein Vater geriet richtig ins Schwärmen, vor allem als er seine Uniform erwähnte, mit der er in der DDR Eindruck bei jeder FDJ-Sekretärin hinterlassen haben will. Er erzählte stolz, wie ihn einmal seine Führungsoffiziere mit überhöhter Geschwindigkeit zum Flughafen Tempelhof gefahren hätten, damit er seine Maschine nicht verpaßte. Die Vopos hätten dies nicht durchgehen lassen wollen und den Wagen angehalten. Als sie jedoch die Stasiausweise sahen, seien sie blaß geworden und hätten das Auto sofort durchgewinkt.

Wenn er so gut mit seinen Genossen ausgekommen war, wollte ich wissen, warum war er dann nach seiner Haftentlassung nicht in die DDR gegangen? Er antwortete, daß er Verantwortung für seine Familie gehabt habe, schließlich hatte er ja zwei Kinder. Das war ihm früh eingefallen.

Den Übertritt Stillers habe er erst gar nicht glauben können. Das MfS habe zwar ständig angerufen, um zu warnen, aber diese Anrufe habe er aufgrund seiner Abwesenheit nicht entgegennehmen können. Er habe die Gefahr unterschätzt, und dies sei ihm zum Verhängnis geworden. Stiller sei für ihn der Verräter schlechthin. Sein Verrat werde niemals verjähren, und die Zeit der Abrechnung mit ihm werde kommen. Ich fragte, ob er das ernst meine. Ja, so seine Antwort. Das Todesurteil gelte noch heute. Werner Teske[1] solle Stiller eine Warnung sein. Und was die DDR betreffe: Es hätten jüngere und entschlossenere Leute die Regierungsfunktionen übernehmen müssen. Nur sie hätten die Kraft gehabt, die Oppositionellen einzusperren oder niederzuschießen. Die DDR sei besiegt, nicht aber der Sozialismus.

---

1 Werner Teske, der wie Stiller für die HVA tätig war, wurde in den achtziger Jahren wegen angeblicher »Spionage in besonders schwerem Fall« erschossen, obwohl er sein gesammeltes MfS-Material niemandem übergeben hatte.

Während der langen Zugfahrt nach Berlin versuchte ich, irgendwie Struktur in das Gehörte zu bringen, um zu einer abschließenden Wertung gelangen zu können. Ich dachte an die mir während meiner Universitätszeit vermittelten Grundsätze der Rationalität und Sachlichkeit und rief mir immer wieder die Worte meiner Dozenten ins Gedächtnis: Jede geschichtswissenschaftliche Analyse handelt von Sachverhalten, auch dann, wenn Menschen und deren Tun Gegenstand der Überlegungen sind. Und ich habe weiter gelernt: Für die Bewertung eines historischen Sachverhaltes ist die Beweisführung entscheidend und keine Emotion. Die Beweisführung wird aus einer neutralen Haltung heraus vollzogen und besteht darin, dem Tun der Menschen nachzugehen und ihre Schritte aufzuzeichnen, um daraus die Motive ihres Handelns zu deuten. Menschen denken und handeln unter bestimmten Umständen, je nachdem, in welche Lage sie sich gebracht sehen, wie ihre Situation sich zugespitzt hat. Die Frage war nun: Wie wende ich dieses theoretische Grundgerüst auf meinen Vater an?

Irgendwie mußte ich versuchen, eine neutrale Haltung zu finden. Das bedeutete, mein Bild von ihm als Vater von seinem Werdegang und seiner Tätigkeit für die Staatssicherheit zu trennen. Es ging um die Ursachenforschung für die Taten meines Vaters, ihre Konsequenzen für ihn selbst, für seine Umwelt und damit auch für mich.

Ich hatte allerdings ein grundsätzliches Problem: Es stand kein historisches Material über meinen Vater zur Verfügung, das ich hätte auswerten können. Mir war es wichtig, dem Grundsatz zu folgen, mich als Historikerin von allen anderen Leuten, die ebenfalls Geschichten über die Vergangenheit berichten, dadurch zu unterscheiden, daß ich nur erzählte, wofür ich auch Unterlagen besaß. In meinem Fall blieben mir als Quellen nur die nicht zu überprüfenden Aussagen meines Vaters, ein aus dem Keller meiner Eltern entwendeter unvollständiger Lebenslauf meines Vaters, einige weiterführende Artikel, die ich im Archiv der *WAZ*-Lokalredaktion gefunden hatte, allgemeine geschichtswissenschaftliche Erkenntnisse über Aufbau und Funktionsweise der Hauptverwaltung Aufklärung (HVA) des MfS und schließlich meine spärlichen Erinnerungen. Dies war mein Rahmen. Mein Antrag auf Akteneinsicht bei der Gauck-Behörde laut Paragraph 32 des Stasiunterlagengesetzes – als Historikerin hatte ich den Vorteil, daß ich tatsächlich über meinen Vater forschen durfte – war noch nicht abschließend beantwortet worden, dasselbe galt für meine Anfrage beim Oberlandesgericht Düsseldorf, das Urteil von 1980 einzusehen. Mein Vater hatte sich geweigert, es mir zu geben.

Ich fing beim Lebenslauf meines Vaters an: Noch im Zug las ich ihn mehrere Male, um gemäß meiner theoretischen Vorgaben vielleicht die Situation zu verstehen, aus der heraus er gehandelt hatte. Mein Vater wurde 1934 als Ältester von drei Kindern in ärmliche Verhältnisse hineingeboren: Sowohl sein Vater, der, noch keine 60 Jahre alt, an Staublunge starb, als auch sein Großvater waren Bergarbeiter gewesen, seine Mut-ter Hausfrau. Die Familie lebte in einem typischen Arbeiterbezirk in Herne. Nach dem Besuch der Volksschule absolvierte mein Vater 1952 zunächst eine Ausbildung als Maschinenschlosser. Bis 1963 war er in diesem Beruf tätig. 1959 heiratete er meine Mutter und ein Jahr später wurde meine Schwester geboren. Die Arbeit als Maschinenschlosser füllte ihn nicht aus, er wollte sich beruflich verändern und vorwärtskommen. So erwarb er durch ein Abendstudium von 1957 bis 1961 an der Verwaltungs- und Wirtschaftsakademie sowie durch den Besuch der Technikerschule von 1962 bis 1964 weitere Abschlüsse und die Voraussetzung zur Zulassung zum Begabtenabitur. Ab 1964 bis zu meiner Geburt 1969 studierte er Wirtschafts- und Sozialwissenschaften an der Freien Universität in Berlin und schloß sein Studium als Diplom-Soziologe ab. Meine Erkenntnis daraus war, daß die ärmlichen Verhältnisse, die Schrecken des Zweiten Weltkrieges und der schwere Zugang zur Bildung für Angehörige seiner Schicht ihn geprägt und für die sozialistischen Ideen empfänglich gemacht hatten. Sein Ziel war es, diesen Verhältnissen zu entfliehen und eine solide Ausgangsbasis für eine Karriere zu schaffen, um dann seinen politischen Grundüberzeugungen zur Durchsetzung zu verhelfen.

Nach der Beendigung seines Studiums arbeitete mein Vater hauptsächlich im Personalbereich: zunächst 1969 als Referent des Personaldirektors bei der Firma Olivetti. Dann übernahm er 1971 die Leitung des Personal-, Sozial- und Ausbildungswesens einer Firma der Metallindustrie in Nordrhein-Westfalen. Parallel dazu erhielt er einen Lehrauftrag und unterrichtete an einer Fachhochschule, außerdem bekleidete er das Amt eines Arbeitsrichters beim Arbeitsgericht Hagen. Danach brach der Lebenslauf ab. Zum Zeitpunkt seiner Verhaftung 1979 war er in der Personalabteilung bei RWE in Essen tätig. In den Zeitungsartikeln wurde seine Funktion entweder als Sachbearbeiter, leitender Angestellter oder Personalleiter bezeichnet. Ich glaube, er war Leiter der Personalwirtschaft.

Aufschlußreich fand ich einen Artikel in der *WAZ* vom 31. Januar 1979, in dem Kollegen meines Vaters ihre Eindrücke über ihn wiedergaben: Er galt als ein ausgesprochener Einzelgänger. Und die, »die ihn kannten oder dienstlich Kontakt mit ihm hatten, die wußten nur: Er war ein erklärter CDU-Anhänger«, hieß es dort weiter. Andere beschrieben ihn als sehr still und unauffällig. Selbst beim Mittagessen in der Kantine habe er sich stets an einen eigenen Tisch gesetzt und nicht das Gespräch mit anderen gesucht. Sei er mit Kollegen seiner Abteilung doch einmal ins Gespräch gekommen, dann habe er offen seine große Sympathie für die CDU und besonders für deren Parteivorsitzenden Helmut Kohl bekundet. Sachkenner, die in dem Artikel zitiert wurden, erläuterten, daß ein solches politisches Verhalten ein Teil der Tarnung der DDR-Spione sei.

In einem anderen Artikel aus der *Welt* las ich, was meinem Vater vorgeworfen wurde. Als Beweis für seine Agententätigkeit habe die bei ihm gefundene Ost-Berliner Telefonnummer gegolten. Stiller habe ausgesagt, daß sie nur fest angeworbenen Mitarbeitern der Spionage-Abteilung bekannt sei. Sie sei so wichtig, daß sie niemals schriftlich und noch nicht einmal verschlüsselt über Funk den Agenten mitgeteilt werde und aus Sicherheitsgründen auch nur vom Gebiet der DDR her angerufen werden dürfe. Über diese Telefonnummer habe man mit Hauptmann Ritter oder Major Ulrich verbunden werden können. Nachweislich habe mein Vater, der alle Anklagepunkte vehement abstritt, der DDR unter seinem Decknamen »Bronze« mindestens zwei Vorgänge übermittelt. Sie seien von den DDR-Offizieren mit der höchsten Stufe »sehr wertvoll« bewertet worden, was selten geschehe – auch aus Angst, sich eventuell zu blamieren. Wegen dieser guten Bewertungen habe Stiller unter Eid meinen Vater als Spitzenagenten bezeichnet. Laut weiterer Anklagepunkte habe mein Vater Erkenntnisse aus dem Bereich der Kernenergieforschung und -politik berichtet sowie parteiinterne Dokumente der CDU und vertrauliche Schriftstücke von RWE nach Ost-Berlin geliefert. Spezielles Aufklärungsziel meines Vaters habe der damalige westfälische CDU-Vorsitzende Kurt Biedenkopf dargestellt. Als Mitarbeiter der Personalabteilung sei mein Vater zudem als sogenannter Tipper tätig gewesen. Diese Tipper hatten die Aufgabe, entweder selbst Inoffizielle Mitarbeiter anzuwerben oder Tips für die Anwerbung von Mitarbeitern in Konzernen zu geben. Jemand, der in einer Personalabteilung arbeitete, hatte am besten Einblick in die Papiere der in Frage kommenden Angestellten. Er kannte die Fehltritte der Mitarbeiter: Geldnöte, Geliebte, Vorstrafen und andere Schwachpunkte, die für eine Anwerbung unter Druck einen Ansatzpunkt bilden konnten.

Soweit die mir bekannten Anklagepunkte. Die Höhe der Gefängnisstrafe konnte ich nicht exakt ermitteln. Einer meiner späteren Gesprächspartner vom Bundesnachrichtendienst sprach von zwei Jahren und neun Monaten. Vielleicht waren es auch zwei Jahre und zehn Monate. Ich kann mich an seine Worte nicht mehr erinnern, und mein Vater verweigert die Antwort auf diese Frage bis heute.

Als ich spätnachts endlich wieder zu Hause in Berlin war, las ich noch einmal den Artikel, in dem mein Vaters als Einzelgänger charakterisiert wurde. Die Beschreibung verwunderte mich nicht. Ich sah darin eine direkte Folge seiner Funktion als Westagent: Diese Tätigkeit bedingte die soziale Isolation, weil alles geheim bleiben mußte. Echte persönliche Bindungen hätten Dekonspiration bedeutet. Ein unverfälschtes Privatleben zu führen war für einen Agenten wegen der Gefahr der Enttarnung unmöglich, es sei denn, der Partner wäre ebenfalls verpflichtet. Das war sicherlich ein Grund dafür, daß mein Vater zu Hause kaum ein Wort mit uns sprach und meistens vor dem Fernseher saß. Daran hat sich bis heute nichts geändert. Ich erinnerte mich noch einmal, daß meine Freundin sich immer gefragt hatte, welche Beziehung meine Eltern eigentlich führten. War das die Anwort? Die Einsamkeit des Agenten im Westeinsatz, die eine ernsthafte Bindung mit einem anderen Menschen von vornherein ausschloß? Ich weiß es nicht. Erklärte dies auch sein mangelndes Gespür für mich als Kind? War er, falls er überhaupt einmal zu Hause war, einem Befehl seines Führungsoffiziers aus Ost-Berlin gefolgt, wenn er kurz vor 19 Uhr die *heute*-Nachrichten einschaltete, obwohl mein Sandmännchen noch lief? Verlangten Marx, Engels und Lenin, ständig auf Kosten anderer abwertende Bemerkungen zu machen und ansonsten zu schweigen? War es eine Dienstanweisung des alten Kämpfers und Romeostrategen Markus Wolf gewesen, sich in Anwesenheit der Ehefrau seiner Romeoerfolge zu brüsten? Lautete die Lehre der ideologischen Dreieinigkeit von Marxismus, Sozialismus und Proletariat, während der gesamten Jahre, die ich nach seiner Haftentlassung zu Hause verbrachte, auf die Namen der eigenen Familienmitglieder Schulden zu machen und ständig Gerichtsprozesse zu provozieren und damit immer weiter zu betrügen und uns Angehörigen eine ungeheure nervliche Belastung zuzumuten? Hatte es ihm nicht ausgereicht, eine Ehe einzugehen und eine Familie zu gründen in dem Wissen, daß jeden Tag seine bürgerliche Existenz zerstört werden konnte, was dann auch geschah, ohne daran zu denken, was das für seine unmittelbaren Angehörigen bedeutete, was sie empfinden würden, was sie durchleben müßten an Enttäuschung, Traurigkeit und Zurücksetzung?

Mein Vorsatz, sachlich zu bleiben, war erst einmal durchbrochen, und ich bemühte mich auch nicht, zu der gebotenen Sachlichkeit zurückzukehren. Ich fühlte mich völlig überfordert, den ideologischen Gedankengängen meines Vaters oder der Staatssicherheit zu folgen und sie zu analysieren. Schließlich sollte es Aufgabe der Täter und nicht meine sein, sich mit ihrem Tun und dessen Konsequenzen zu beschäftigen. Mein Vater müßte das ehemalige Gefängnis der Staatssicherheit in Hohenschönhausen besichtigen, nicht ich. Warum sollte ich mich weiter mit ihm und meiner Familie auseinandersetzen? Es gab schließlich noch andere Dinge im Leben!

Aber gleichzeitig spürte ich, daß es bei dieser Auseinandersetzung auch um mich ging. Sie war zugleich ein Akt der Selbstentdeckung, ein stufenhafter Erkenntnisprozeß der Selbstidentität. Würde ich jetzt auf halbem Weg aufgeben, dann hätte ich nichts gewonnen. Ich würde mich weiter in dem Zwischenreich aus Traum, Illusion und Wirklichkeit bewegen und darin gefangen bleiben. Allein die tägliche S-Bahnfahrt vorbei an der früheren konspirativen Wohnung meines Vaters und hinein in den ehemaligen Grenzbahnhof Friedrichstraße mahnte mich geradezu, nicht aufzugeben und weiterzumachen.

Ich erinnerte mich an die Zeit, als mein Vater aus seiner Haft entlassen wurde. Ich hatte ihn nie besucht und mir gewünscht, daß meine Eltern sich trennen würden, aber dies war nicht der Fall gewesen. Ich empfand meinen Vater nach seiner

Entlassung als Fremdkörper in meinem Leben. Aber es half alles nichts. Ich mußte mich mit der Situation arrangieren. Es war sehr schwierig für mich, jeden Tag mit seinem Weltbild, das er nach seiner Entlassung innerhalb der Familie jetzt offen vertrat, konfrontiert zu werden. Seine ideologischen Überzeugungen hatten unter der Haft nicht gelitten. Wie mein Gespräch mit ihm zu Weihnachten gezeigt hat, erschöpft sich auch heute noch sein Denken in einem Schwarz-Weiß-Gegensatz, der alles Negative dem Westen, dem Imperialismus, alles Positive dem Osten, dem Sozialismus, zuweist. Mir ist es ein Rätsel, wie ich seine Rederei über die Jahre hinweg nervlich überstehen konnte. Heute ertrage ich sie keine einzige Minute mehr.

Mein Vater machte sich selbständig. Er gründete Sport- und Schreibwarengeschäfte, die später alle in Konkurs gingen. Dies lag daran, daß er nicht mehr zurück in die Realität fand. Oder anders ausgedrückt: Er konnte das Lügen nicht mehr lassen. Er bestellte Waren, die er nicht bezahlte, zahlte den Verkäuferinnen nicht regelmäßig ihre Gehälter, hinterzog Steuern und stritt immer alles ab. Jahrelang war die Gerichtspost nahezu die einzige Post, die sich im Briefkasten befand. Die vielen Jahre der Doppelexistenz müssen bei meinem Vater das Unterscheidungsvermögen zwischen Wahrheit und Lüge zerstört haben. Vielleicht war es bei ihm so wie bei einem erfolgreichen Arzt, der sich mit den Jahren für Gott hält. Oder wie bei einem Polizisten, der nach vielen Dienstjahren glaubt, er ist das Gesetz. Dies könnte die Antwort auf meine nächste Frage sein: Warum hatte sich mein Vater nach seiner Entlassung aus dem Gefängnis nicht auch außerhalb der Familie offen zu seinen sozialistischen Überzeugungen bekannt und sozusagen die rote Fahne aus dem Fenster gehängt? Im völligen Gegensatz zu seinen täglichen Belehrungen über die Segnungen des Sozialismus und die Verderbtheit der kapitalistischen Ausbeutungsgesellschaft traf er sich weiterhin mit Mitgliedern des Christlichen Vereins junger Menschen und spielte mit anderen »bürgerlich-kapitalistischen Subjekten«, wie er zu sagen pflegt, Fußball. Seine Überzeugung von der Notwendigkeit der Revolution und dem baldigen Zusammenbruch der »dekadent-imperialistisch-reaktionären« westdeutschen Gesellschaft hinderte ihn auch nicht daran, seit Jahr und Tag das kapitalistischste aller Autos zu fahren: Mercedes Benz. War dies der Preis der Doppelexistenz, die er seit frühester Jugendzeit führte, sich nicht offen für etwas bekennen zu können? Der Preis für den aus seiner Sicht staatsnotwendigen Vertrauensbruch, die Denunziation und die Illoyalität gegenüber vielen Menschen, die mit ihm zu tun hatten?

Ich dachte viel über die Begriffe Denunziation, Verrat und Illoyalität nach. Der Italiener Cesare Beccaria kritisierte in seinem 1764 erschienenen Buch *Von Verbrechen und Strafen* die Denunziation, weil sie das Gemeinwesen zerrütte, wenn jeder Bürger in ständiger Furcht davor leben müsse, von einem Mitbürger angezeigt zu werden. Als besonders verwerflich empfand er es, wenn der Staat versuche, die Denunziationsbereitschaft durch die Aussetzung von Belohnungen zu steigern. Damit werde der Verrat honoriert, der selbst unter Verbrechern verabscheuungswürdig sei. Für das Gemeinwesen sei dies verhängnisvoll, weil dadurch »alle Vorstellungen von Moral und Tugend, die ohnehin vor dem leisesten Windhauch dahinschwinden, erschüttert werden«.

Ich fand die Auffassung von Beccaria zutreffend. Aber stimmte sie auch für die Westspionage der Staatssicherheit? Wie paßte mein Vater als vermeintlicher MfS-Major dort hinein? Belohnungen in Form von Geld hatte er nach eigener Aussage nicht angenommen, und seine Motivation war nicht auf die persönliche Vorteilnahme ausgerichtet gewesen, sondern auf die Konsolidierung der DDR und die Schädigung der kapitalistischen Bundesrepublik. Ihn hatte primär seine ideologische Überzeugung, weniger Geltungssucht, Reiz des Unbekannten und Machtstreben getrieben. Emotionale Abhängigkeit von irgendwem oder irgend etwas hatte bei ihm als Motiv überhaupt keine Rolle gespielt. Vielleicht ein wenig Abenteuerlust. Risikobereitschaft galt gemeinhin als Grundvoraussetzung für eine klassische operativ-geheimdienstliche Tätigkeit. Im Vordergrund aber hatte ganz klar seine Absicht gestanden, die Gesellschaft, in der er aufgewachsen war, die ihn gefördert und deren Vorteile und Freiheiten er durchaus genutzt hatte, zu schädigen. War dies Verrat oder Vertrauensbruch? Gab es überhaupt einen Unterschied zwischen Verrat und Vertrauensbruch, oder waren die beiden Begriffe austauschbar?

Ich fand zu jenem Zeitpunkt einfach keine befriedigende Antwort und kam zu dem vorläufigen Schluß, daß die Spionage für meinen Vater einfach eine Methode von vielen gewesen war, um dazu beizutragen, die sozialistische Ideologie zumindest in der DDR zu konsolidieren. Er hatte die offene Gesellschaft der Bundesrepublik genutzt, um wirtschaftliche und technologische Informationen zu beschaffen und sie in das industriell-technische Potential der DDR einzubringen. Wäre er von seinen Führungsoffizieren in die Armee und in einen offenen Kampf beordert worden, hätte er diese offene Kampfmethode angenommen. Die Spionage war für ihn das Mittel zum Zweck gewesen, nicht mehr und nicht weniger, genauso wie bei einem Soldaten der Kampf Mittel zum Zweck ist, der den Gegner im schlimmsten Falle tötet, um seiner Seite zum Sieg zu verhelfen. Der Vertrauensbruch und die Illoyalität meines Vaters gegenüber denjenigen, die ihn als Student und später innerhalb des Berufes gefördert hatten, gegenüber seinen vermeintlichen CDU-Parteifreunden und schließlich uns gegenüber, der Familie, waren Kriegswaffen. Eine Strategie, mit der ein übergeordnetes Ziel erreicht werden sollte. Ich rief mir ein im Januar 1998 in englischer Sprache geführtes Interview von *CNN* mit Markus Wolf ins Gedächtnis, in dem er fast dieselben Worte benutzt hatte: »Die unsichtbare Front – es gab sie im Kalten Krieg. Und für uns war es Krieg. Ich werde einen Vergleich benutzen, den ich nicht gern verwende, aber ein General, der in einem Krieg Soldaten kommandiert, weiß, daß einige von ihnen nicht überleben werden.«

Vor diesem Hintergrund entsetzten mich die radikalen Worte meines Vaters über Werner Stiller nicht mehr sonderlich. Seine Aussagen offenbarten den militärischen Charakter der DDR-Westspionage und bewiesen, wie sehr mein Vater mit dem ideologischen Gedankengebäude der Staatssicherheit verhaftet war und noch ist. Ich hatte gelesen, daß in dem für die MfS-Mitarbeiter vorgeschriebenen Eid ein Verrat von vornherein für möglich gehalten wurde, denn er kündigte dem Eidleistenden zugleich an, im Falle eines Bruches streng zur Rechenschaft gezogen zu werden. Das erklärt den fanatischen Haß auf den Verräter, einen Haß, der den Tod des Verräters forderte für ein Verbrechen, das niemals verjährte. Es wäre von meinem Vater auch zuviel verlangt, über Stiller ein ausgewogenes Urteil zu fällen. Stiller hat ihn nicht nur ins Gefängnis gebracht und seine bürgerliche Existenz zerstört, sondern auch sein Lebenswerk, seine sich selbst gestellte Lebensaufgabe, die sozialistischen Ideale zu verwirklichen.

Immerhin hatte ich jetzt einige Teile des Puzzles zu meinem Vater zusammengelegt. Aber mir fehlten noch viele andere Teile. Wann bekam mein Vater zum Beispiel erstmals Kontakt mit der Staatssicherheit, und wie ist vor allem der Kontakt zustande gekommen? Wer hat ihn von wo aus wann geführt? Stimmte es tatsächlich, daß er im MfS den Rang eines Majors bekleidete? Welche Westquellen erschloß mein Vater in seiner Funktion als Resident? Wie sah die Arbeitsweise der Residentur aus? Wie war sie genau zusammengesetzt? Beließ mein Vater es dabei, Papiere und Unterlagen weiterzuleiten, oder hat er zusätzlich zu seiner Romeotätigkeit gezielt Menschen, und wenn ja, welchen, geschadet?

Ich brauchte also die entsprechenden Akten aus der Gauck-Behörde, um diese Fragen zu klären. Aber ich hatte kein Glück. Ich erhielt einen Brief von der Behörde des Bundesbeauftragten für die Stasi-Unterlagen, in dem man mir mitteilte, daß keine relevanten und mit meinem Vater in Zusammenhang stehenden Unterlagen gefunden werden konnten. Das erklärt sich vermutlich daraus, daß die Akten meines Vaters wie die aller Angehörigen der HVA auf Beschluß des Zentralen Runden Tisches im Frühjahr 1990 vernichtet wurden. Auch das Oberlandesgericht Düsseldorf, das ich wegen des Urteils angeschrieben hatte, erteilte mir eine Absage. Die Begründung lautete, daß in meinem Fall schutzwürdigen Interessen Dritter Rechnung zu tragen sei. Ferner verbiete die aufgrund der Vater-Tochter-Beziehung bestehende persönliche Verknüpfung und die offensichtlich fehlende Bereitschaft meines Vaters, mich von den weiteren Einzelheiten seiner Verurteilung in Kenntnis zu setzen, eine entsprechende Übermittlung der Urteilsausfertigung an mich. Daraufhin bat ich meinen Nachbarn Manfred Vogel, mit dem ich nur noch selten zusammentraf, in seiner Eigenschaft als Rechtsanwalt nochmals zu versuchen, das Urteil anzufordern. Aber auch er hatte keinen Erfolg. Damit entfiel für mich die Möglichkeit, die Aussagen meines Vaters und die von Stiller zu prüfen und sie auf eine objektive Basis zu stellen. Sie können stimmen, sie können aber auch falsch sein. Ich werde das voraussichtlich nie erfahren.

Es dauerte ein paar Wochen, bis ich die Erkenntnis, über meinen Vater nichts mehr ermitteln zu können, verinnerlicht hatte. Ich mußte mich damit abfinden. Etwas anderes blieb mir nicht übrig.

Je mehr ich das begriff, je distanzierter und gleichgültiger ich gegenüber meinem Vater wurde, desto größer wurde mein Interesse für Werner Stiller. Ich beschloß, ihn zu suchen und ihn persönlich kennenzulernen. Die Gründe dafür waren vielfältig. Mir war durchaus klar, daß eine Begegnung mit ihm die Vergangenheit meines Vaters nicht vollständig aufklären würde. Aber ein Treffen mit ihm wäre auch eine Abrundung meines Kindheitserlebnisses. Ein Kreis würde sich für mich schließen. Einige Menschen aus meiner Umgebung verstanden diesen Wunsch nicht, aber es gelang niemandem, mich von meinem Vorhaben abzubringen. Für mich war es ganz normal, mit dem Mann sprechen zu wollen, der derartig in meine Kindheit eingegriffen und die Entwicklung meines Familienlebens mit beeinflußt hatte. Sein Leben war durch seinen Übertritt mit meinem kollidiert. Und ich war äußerst gespannt, wie er auf mich reagieren würde: ob mit Gleichgültigkeit oder Desinteresse, Offenheit, Ablehnung oder Gewissensbissen. Ich hoffte auch, daß er mir einige der offengebliebenen Fragen beantworten könnte. Seine Kollegen Ritter und Thielemann sowie sein ehemaliger Vorgesetzter Horst Vogel, der zeitweise der erste Stellvertreter von Markus Wolf war, hatten direkt mit meinem Vater zusammengearbeitet. Ich erinnerte mich auch an einen gewissen Erich Schafstädt*, der ebenfalls durch Stiller enttarnt worden war und uns früher häufiger zu Hause besucht hatte. Ich hätte von Stiller gern erfahren, was für Menschen Schafstädt, Vogel, Ritter und Thielemann waren und ob er wußte, was aus ihnen geworden ist. Und zu guter Letzt trieb mich auch die schlichte Neugierde, die bei mir stark ausgeprägt ist, eine Person der Zeitgeschichte zu treffen.

Meine Recherchen führten mich zu Ursula Popiolek von der Gedenkbibliothek für die Opfer des Stalinismus. Sie hatte vor einigen Jahren die erste öffentliche Veranstaltung mit Werner Stiller durchgeführt, und ich hoffte, sie könnte mir den Kontakt zu ihm vermitteln. Zu meiner Enttäuschung war ihre Verbindung zu Stiller jedoch abgebrochen. Sie hatte zumindest Fotos von ihm, die sie mir zeigen wollte. Da ich nur einige Schwarzweiß-Fotos von Stiller kannte, nahm ich das Angebot an. Mit einem flauen Gefühl im Magen betrat ich ihre Bibliothek. Sie gab mir zwei Fotoalben, die ich aufgeregt durchblätterte, bis ich die Fotos fand. Er sah angenehm, sympathisch aus. Nur dieser Schnauzer, war mein Eindruck, der stand ihm überhaupt nicht. Ich hätte mir die Fotos stundenlang anschauen können. Ob er wohl noch an die Vergangenheit dachte? Hatte er jemals einen Gedanken an die Familien der von ihm enttarnten Westagenten aufgewendet, an ihre Kinder? Ich wußte nicht so recht, was ich von ihm halten sollte. Seine Risikobereitschaft, sein Wagemut und seine Spielernatur beeindruckten mich. In dem Augenblick, als er auf dem Bahnhof Friedrichstraße den Raum des Grenzbeamten betrat, von dem aus die Tür in den Westteil des Bahnhofs führte, hatte er seine Freiheit, im schlimmsten Fall sein Leben aufs Spiel gesetzt und einen endgültigen Bruch mit all dem vollzogen, was sein Leben bisher ausgemacht hatte. Was für Gründe es auch gewesen sein mögen: Er hatte dafür das Äußerste riskiert. Aber was steckte hinter seiner Risikobereitschaft und seiner Spielernatur, wer war er wirklich? Ich hatte sein Buch *Im Zentrum der Spionage* und die Interviews mit ihm gelesen, aber immer wenn ich zu einer Meinung gekommen war, stieß ich auf einen Satz von ihm, der nicht dazu paßte. Vieles von dem, was er sagte, erschien mir widersprüchlich.

Nachdem ich die Fotos gesehen hatte, träumte ich zum ersten Mal von Werner Stiller. Ich glaube, Träume geben bessere Auskunft über den inneren Zustand eines Menschen als jeder Psychologe. Ich fand diesen Traum entsetzlich. Er spielte in meiner früheren Schule. Ich betrat das Schulgebäude und sah viele Menschen. Jemand sagte mir, daß Werner Stiller in der Aula sei, aber ich ging nicht sofort zu ihm, sondern lief zuerst auf die Toilette, weil ich vorher meine Kontaktlinsen einsetzen wollte, um ihn besser sehen zu können. Ich konnte zwischen zwei verschiedenen Größen auswählen und nahm die größeren. Mich überfiel panische Angst, daß Stiller weggehen könnte, und ich beeilte mich fieberhaft, die Linsen in meine Augen zu bekommen. Aber ich kam zu spät. Er war nicht mehr da. Ich war maßlos enttäuscht und ging über den Schulhof zum Park. Und da dachte ich, Menschenskind, hier ist er gewesen, hier, wo ich meine Kindheit verbracht habe, wo ich gelebt habe, ich hätte ihm das so gern gezeigt. Als ich aufwachte, fühlte ich noch immer das Gefühl der Enttäuschung. Ja, ich wollte ihn sehen, ihn mit großen Linsen erfassen, erkennen, wer er wirklich war, damit ich seine Bedeutung für meine Kindheit verstehen konnte, ihm erzählen, wie ich früher gelebt hatte, ihm berichten, was mir wichtig gewesen war, auf diesem Schulhof meiner Kindheit.

Ich überlegte mir, wen ich um Hilfe bei meiner Suche nach Stiller bitten könnte. Da Ursula Popiolek ihren Kontakt zu Stiller verloren hatte, rief ich meinen früheren Professor Wilhelm Bleek an, von dem ich wußte, daß er als DDR-Experte über die vielfältigsten Beziehungen und Bekanntschaften verfügte. Er versprach mir, sich mit dem Journalisten Karl Wilhelm Fricke in Verbindung zu setzen und ihn zu bitten, mir bei meiner Suche zu helfen. Ich hatte Glück. Fricke erklärte sich bereit, sich mit mir zu treffen. Als Treffpunkt schlug er das Hotel Forum vor.

Frohen Mutes machte ich mich auf den Weg in das Hotel, in dem mein Vater in seiner Funktion als Westagent früher abgestiegen war. Besonders luxuriös fand ich es nicht. Frickes Erkennungszeichen war Stillers Buch *Im Zentrum der Spionage*, das er mir anschließend schenkte. Wir fuhren in sein Zimmer hinauf, und ich brachte mein Anliegen vor.

Fricke erklärte zwar, daß er mir helfen wolle, schien aber nicht allzu begeistert von meinem Wunsch zu sein, Stiller zu treffen. Stiller, sagte er, sei nicht der strahlende Held, als der er in den Medien dargestellt werde und für den ich ihn allem Anschein nach ebenfalls hielte, und er sei schon gar nicht der helle Gegenstern zu meinem Vater. Jemand wie Stiller, der bereits als Student seine Kommilitonen bespitzelt hatte, sei für ihn untragbar. Ich müsse damit rechnen, daß Stiller kein Verständnis für meinen Wunsch hätte, ihn kennenzulernen. Bestenfalls würde er mich mit kurzen, banalen Antworten abfertigen. Er sei ein Spieler und kein reflektierender Mensch. Seiner Meinung nach habe Stiller keinen einzigen Gedanken an die Familien der von ihm enttarnten Westagenten verschwendet. Er habe schließlich seine eigene Familie, seine eigenen Kinder im Stich gelassen und sie einer ungewissen Zukunft überantwortet. Sein Hauptmotiv sei nicht der Widerstand gegen das Ministerium für Staatssicherheit gewesen. Er habe Ärger gehabt mit seinem Chef, Streit mit seiner Ehefrau, und sein Job sei ihm schlicht und einfach auf die Nerven gegangen, während mein Vater offensichtlich aus Überzeugung und nicht aus materiellen Motiven heraus gehandelt habe. Ich würde enttäuscht sein von Stiller, und zwar maßlos. Es sei besser für mich, ihn nicht zu treffen.

Ich schwieg. Was sollte ich auch dazu sagen? Von meinem Wunsch, Stiller zu treffen, konnten mich seine Aussagen allerdings nicht abhalten. Auch wenn Fricke recht haben sollte: Ich wollte mir selbst ein Bild von diesem Menschen machen.

Aber an eines hatte ich tatsächlich noch nie gedacht. An die Kinder von Stiller. Er hatte sie verlassen und einkalkuliert, sie nie wieder zu sehen. Der Zusammenbruch der DDR war 1979 noch längst nicht abzusehen gewesen. In seinem Buch erwähnte er seine Tochter, und ich habe ein Kinderfoto von ihr und ihrem Bruder in einem *SPIEGEL*-Artikel gesehen, dem aber weiter keine Beachtung geschenkt. Sie müßte etwa in meinem Alter sein. Ihren Namen Edina fand ich sehr klangvoll. Ich hatte diesen Namen noch nie gehört. Wo lebte sie wohl? Was machte sie? Wenn sie an ihre Kindheit dachte, dann mußte sie sich doch immer vergegenwärtigen, daß ihr Vater sie verlassen, wie Fricke richtig gesagt hatte, im Stich gelassen hatte. Ich hätte gern gewußt, was sie tat, was sie dachte und wie sie zu all diesen Dingen stand. Aber wie sollte ich sie finden? An jenem Abend schien es mir völlig ausgeschlossen zu sein, sie jemals kennenzulernen.

Auch der zweite Sommer, den ich in Berlin verlebte, war heiß und trocken. Ich hatte etwas Ruhe in mein Leben gebracht und mittlerweile ein wenig Abstand zum Themenbereich

Spionage gewonnen, so daß sich mein inneres Gleichgewicht langsam wieder einstellte. Von Fricke hörte ich nichts.

Meine Freizeit verlebte ich überwiegend am See. Ich entdeckte meine Lust am Schreiben wieder und überlegte mir ein Thema, mit dem ich mich befassen könnte. Es sollte auf keinen Fall etwas mit der Staatssicherheit zu tun haben. Ich entschied, mich mit dem Reichstagsbrand und dessen Urheber, Marinus van der Lubbe, zu beschäftigen. Es erstaunte mich immer wieder, wie viele Legenden und Mythen über die Brandursache bis zum heutigen Tage existierten. Ich besorgte mir entsprechendes Material und setzte mich mit den einzelnen Thesen auseinander. Die Argumente von Fritz Tobias, der sich vehement für eine Einzeltäterschaft aussprach, überzeugten mich am meisten. Nach der Arbeit setzte ich mich an den See und fing an, einen ersten Entwurf zu schreiben. Ich hatte eine Zeitschrift gefunden, die sich bereit erklärt hatte, meinen Artikel zu veröffentlichen. Der Abgabetermin war für Herbst vorgesehen. Ich freute mich über die Möglichkeit, meine Meinung zu der Brandursache kundzutun.

Mir fiel ein, daß mein Schulfreund Bernard, mit dem ich vor 1989 ab und zu nach Berlin gefahren war und das Reichstagsgebäude besichtigt hatte, einige alte Bücher über die deutsche Kolonialgeschichte besaß. Ich hoffte, daß er auch Bücher über den Reichstagsbrand hatte. Ich rief ihn an, erzählte ihm von meinem Vorhaben und fragte, ob er mir helfen könne. Er verneinte und bedauerte, mir keine weiteren Literaturtips geben zu können. Auf seine Frage, womit ich mich in Berlin sonst noch beschäftigte, antwortete ich beiläufig, daß ich mich mit der Stasitätigkeit meines Vaters auseinandersetzte und zur Zeit Werner Stiller suchte, weil der ihn enttarnt habe.

Bernard war sprachlos. In der Leitung herrschte atemlose Stille. Dann glaubte er, meine Phantasie sei wieder einmal mit mir durchgegangen. In der Schule war mir das häufiger passiert. Ich versicherte ihm, daß ich ihm keinen Bären aufbände.

Seine ungläubige Reaktion erstaunte mich nicht. 1979

ging ich in die dritte Klasse, und da die damaligen Strafprozesse gegen die von Stiller enttarnten MfS-Mitarbeiter in unserer Gegend kaum in das öffentliche Bewußtsein gedrungen waren, war der Prozeß gegen meinen Vater zwei Jahre später, als ich auf das Gymnasium und mit Bernard in eine Klasse kam, vollkommen vergessen. Und ich selbst hatte während der Schulzeit meinen Vater nie erwähnt. Bernards Reaktion war auch insofern verständlich, als das Thema Staatssicherheit im Westen Deutschlands einen völlig anderen Stellenwert besaß und heute noch besitzt als in Ostdeutschland und in Berlin. Während hier über diese Problematik häufig in den Zeitungen berichtet wird und regelmäßig Diskussionsforen stattfinden, wird im Westen die Staatssicherheit in erster Linie als klassisches DDR-Thema wahrgenommen und als Problem der Ostdeutschen wenig diskutiert. Ich habe den Eindruck, die westdeutsche Öffentlichkeit hat erst in jüngster Zeit zur Kenntnis genommen, daß die Tätigkeit des MfS auch den westlichen Teil Deutschlands tangiert.

Nachdem sich bei Bernard die erste Überraschung gelegt hatte, fragte er gezielt nach. Er konnte meine Antworten kaum glauben. Nie habe er einen solchen Familienhintergrund vermutet. Er sei immer davon ausgegangen, daß mein Vater irgendwelchen Geschäften nachgegangen sei, was für die Zeit, also nach seiner Verhaftung, auch zutraf. Es habe ihn lediglich verwundert, daß mein Vater an meinem 17. Geburtstag, zu dem er bei mir zu Hause eingeladen war, ferngesehen und sich an der Feier völlig desinteressiert gezeigt habe. Bernards Beobachtung stimmte mich nachdenklich. Seine Wahrnehmung entsprach den Eindrücken meiner Freundin: Aus ihrer Sicht benutzte mein Vater unsere Wohnung als Nebenschauplatz. Sein eigentliches Leben fand woanders statt. Doch wo? Wie sah diese Welt aus? Wie hatte ich sie mir konkret vorzustellen? Ich fiel ins Grübeln zurück.

Nach diesem Telefongespräch beschloß ich spontan, meinen zweiten Schulfreund Peter anzurufen, weil ich wissen wollte, wie er auf die Biographie meines Vaters reagieren würde. Auch er war sprachlos und glaubte wie Bernard, meine Phantasie sei mit mir durchgegangen. Einen Rat, wie ich meine Suche nach Stiller fortsetzen sollte, konnten mir beide nicht geben. Das Thema Westspionage war ihnen zu fremd. Ich war also nach wie vor auf mich allein gestellt. Nach den Telefonaten war meine innere Ruhe wieder vollkommen zerstört. Mein geplanter Artikel über den Reichstagsbrand geriet in den Hintergrund. Ich wollte wieder aktiv werden und die Suche nach Stiller forcieren. Die Frage war nur: Wie sollte ich vorgehen?

Mir kam die Idee, der Gauck-Behörde zu schreiben und sie um Rat zu fragen. Diese riet mir in ihrem Antwortbrief, mich an den Bundesnachrichtendienst zu wenden, da niemandem in der Behörde bekannt war, wo sich Stiller zur Zeit aufhielt oder über welche Mittelsmänner er zu erreichen wäre. Also schrieb ich einen weiteren Brief an den Bundesnachrichtendienst in Pullach bei München. Die Antwort ließ nicht lange auf sich warten: Eine Kontaktvermittlung durch den Bundesnachrichtendienst zu Werner Stiller sei aus nachrichtendienstlichen und sicherheitspolitischen Gründen nicht möglich. Aber ein Mitarbeiter sei bereit, mit mir Kontakt aufzunehmen und mit mir ein persönliches Gespräch zu führen. Endlich passierte wieder etwas. Ich hoffte, vielleicht doch etwas aus dem BND-Mitarbeiter herausbekommen zu können. Aus meinem beruflichen Umfeld hatte ich erfahren, daß der Bundesnachrichtendienst nicht in dem Ruf stand, besonders schweigsam zu sein. Ich sagte zu. Ein gewisser Klaus Göde* verabredete sich mit mir in der Rezeption des Hotels Concept in einer Seitenstraße des Berliner Kurfürstendamm.

Wie abgesprochen, wartete ich an der Rezeption auf ihn. Ich war zu früh und setzte mich in einen der Sessel. In Vorbereitung des Gesprächs hatte ich mir die Homepage des BND angeschaut und das BND-Gesetz gelesen. Die Beschreibung seiner Aufgaben klang plausibel.

Spionage ist sicherlich nicht schön, aber meiner Meinung

nach als Informationsquelle unumgänglich. Jeder Staat ist schließlich darauf angewiesen, sich auf spezifischen nachrichtendienstlichen Wegen geheimgehaltene Nachrichten zu beschaffen und damit die anderen Informationsstränge zu vervollständigen. Die vorwiegend von linksorientierten Gruppen formulierte Forderung, die Nachrichtendienste abzuschaffen, kann ich nicht nachvollziehen. Dieses Denken offenbart eine völlige Verkennung nicht nur der realpolitischen, sondern auch der außen- und sicherheitspolitischen Grundsätze. Angesichts der aktuellen Gefahrenlage durch terroristische Vereinigungen und der Bedrohung durch die Proliferation von Massenvernichtungswaffen käme es einer unverantwortlichen Gefährdung der Bevölkerung gleich, die Nachrichtendienste aufzulösen. Ich finde es wichtig und richtig, daß der BND eine weisungsgebundene Behörde ist und im Gegensatz zur DDR-Staatssicherheit keine exekutiven Befugnisse besitzt und daß er der Kontrolle des deutschen Parlaments unterliegt, an das sich jeder Bürger wenden kann. Ein solcherart eingebundener Nachrichtendienst darf meiner Meinung nur nicht versuchen, sich in politische Fragen einzumischen und in die Kompetenzen des parlamentarischen Entscheidungsträgers eingreifen zu wollen.

Mir war aufgefallen, daß fast alle, denen ich von meinem bevorstehenden Treffen mit einem BND-Mitarbeiter erzählt hatte, mir geradezu ängstlich geraten hatten, vorsichtig zu sein. Ich teilte ihre Bedenken nicht und hatte auch keine Angst. Für mich ist der BND eine nach den allgemeinen Verwaltungsgrundsätzen strukturierte Behörde mit einem klaren Auftrag, der im BND-Gesetz formuliert ist und dort präzise erläutert wird. Die ängstlichen Reaktionen meiner Gesprächspartner offenbaren das Hauptproblem des BND: Es liegt in der Diskrepanz zwischen seiner tatsächlichen Arbeit und dem Bild, das die Öffentlichkeit davon hat. Mangelnde Kenntnisse und romantisch-verklärte James-Bond-Vorstellungen einerseits sowie die Unfähigkeit des BND andererseits, seine

Funktionen und Aufgaben darzustellen, kennzeichnen diese Kluft. Dabei wäre die Lösung so einfach: Die Öffentlichkeitsarbeit müßte verstärkt werden. Das ist zumindest meine Meinung. Je stärker die Abschottung, desto größer die Neugierde und die Einschätzung als undurchsichtiger und unheimlicher Dienst. Somit tragen die Nachrichtendienste selbst dazu bei, daß ihnen fast jede illegale Handlung zugetraut wird. Ich betrachte sie ohnehin aus einer anderen Perspektive: Die Vergangenheit der deutschen Dienste erscheint mir bedrohlich und dunkel, nicht ihre Gegenwart.

Ich schaue auf die Uhr. Noch fünf Minuten bis zur verabredeten Zeit. Ich stand auf und schaute mir die Postkarten an, als mich ein älterer, hochgewachsener und schlanker Mann ansprach und sich als Herr Göde vorstellte. Er wirkte korrekt und formal. Wir setzten uns in die Hotelbar und bestellten uns etwas zu trinken. Danach begann ich das Gespräch und trug ihm mein Anliegen vor. Während ich redete, beobachtete ich seine Reaktion: Das, was ihn von einem Beamten aus einer normalen offenen Verwaltung unterschied, war seine Furcht, belauscht zu werden. Er sprach sehr leise und bat mich, dies auch zu tun. Ich hatte Mühe, ihn zu verstehen. Er schaute sich ständig um, obwohl außer dem Barkeeper niemand im Raum war. Er erinnerte mich an den Geheimdienstagenten aus der Sesamstraße, der heimlich den Buchstaben Z verkaufen wollte. Ich mußte aufpassen, daß ich den gebotenen Ernst nicht verlor.

Das Thema Stiller war schnell abgehandelt. Er sagte ohne Umschweife, daß er mir nicht helfen kann und will, Stiller zu suchen. Im ersten Moment fühlte ich eine tiefe Enttäuschung, war mir aber aufgrund des Briefes, den ich vom BND erhalten hatte, bewußt, daß ich etwas anderes auch nicht hatte erwarten können. Göde erzählte, daß der BND zu Stiller ohnehin keinen Kontakt mehr habe und daher auch den derzeitigen Aufenthaltsort nicht kenne. Sie seien im Streit auseinandergegangen. Was genau vorgefallen war, sagte er nicht.

Außerdem habe Stiller mit der Vergangenheit abgeschlossen und sei nur noch Geschäftsmann. Ich fragte ihn, ob das sein Eindruck sei oder ob Stiller dies gesagt habe. Es sei sein Eindruck, im letzten Sommer habe er ihn gesehen, und seitdem herrsche Funkstille. Göde war davon überzeugt, daß Stiller für mich und meine Fragen sowieso keinerlei Verständnis aufbringen und er sich deshalb nicht bereit erklären würde, mich zu treffen, es sei denn, er erhalte von einer Zeitschrift 100 000 Mark. Ein Gespräch mit Stiller sei ohnehin schwierig, weil immer sein Handy klingele. Und eines solle ich mir grundsätzlich klarmachen: Stiller sei damals aus materiellen Gründen übergetreten, nicht aus ehrenhaften Widerstandsmotiven heraus. Diese Aussage deckte sich mit der von Fricke. Andererseits würde Göde Stiller verstehen, wenn dieser einen Kontakt mit mir ablehnte, schließlich sei er – und da hob er seine Stimme – »der Oberstleutnant« gewesen, der Markus Wolf geschadet habe. Markus Wolf gelte, so Göde, für den BND als der Staatsfeind schlechthin. Ich wollte eigentlich einwerfen, daß Stiller meines Wissens nur Oberleutnant gewesen war, aber ich schwieg. Göde riet mir, mit allem abzuschließen.

Bezüglich meines Vaters empfahl er mir, das Urteil nachzulesen, falls ich den Mut dazu hätte. Mut, so ein Unsinn. Ich sagte ihm, daß die Unwissenheit viel schlimmer sei. Immerhin erfuhr ich dann doch zumindest eine neue Nachricht: Göde erzählte, daß mein Vater früher SPD-Mitglied gewesen sei, ihm aber wegen seiner radikalen kommunistischen Ansichten nahegelegt worden war, die SPD zu verlassen. Anschließend sei mein Vater nach Absprache mit seinen Führungsoffizieren Mitglied der CDU geworden. Das hatte ich bislang nicht gewußt. Ich stellte dazu noch einige Fragen, aber Göde konnte oder durfte mir keine Antwort darauf geben. Am Schluß des Gespräches erwähnte ich beiläufig, daß ich in etwa zwei oder drei Monaten einen früheren Kommilitonen in München besuchen würde. Göde bot sich an, mir einige Sehenswürdigkeiten der Stadt zu zeigen. Ich war erfreut, letztendlich auch in der Hoffnung, daß er doch die Adresse von Stiller recherchierte.

Die Aussagen über Stiller von einem Mann wie Göde, der nach eigenem Erzählen im Range eines Regierungsdirektors stand und seit etwa 25 Jahren beim BND arbeitete, betrachtete ich als offizielle Position des BND. Seine Haltung gegenüber Stiller erschien mir zwiespältig. Einerseits hörte ich die Bewunderung für den »Oberstleutnant« heraus, der dem Feind geschadet hatte, andererseits eine Geringschätzung seiner Person, weil seine Motivation keine ideelle, sondern eine materielle gewesen war. Man liebt den Verrat, aber nicht den Verräter – diese Weisheit scheint die Meinung des BND über Stiller am besten zu charakterisieren. Ein Überläufer findet grundsätzlich Zustimmung, auch bei denen, die seine Überläufermentalität, sein eventuelles Gewinnstreben und seine Geltungssucht sowie seine Verlogenheit als Teil seiner charakterlichen Struktur zwar erkennen, sich aber seines Wissens bedienen und es für sich nutzen zwecks eigenen Machtgewinns und Stärkung der eigenen Ausgangslage. Den Verrat lieben heißt demnach, den Verrat für sich selbst am besten zu nut-zen. Das hat der BND zweifellos getan. Stiller galt als Held, weil er viele Quellen des MfS enttarnt und Markus Wolf ein Gesicht gegeben hatte. Damit hatte er der feindlichen Gegenseite Schaden zugefügt und die Position des BND innerhalb des Kalten Krieges gestärkt. Für den Verräter selbst blieben nach den offiziellen Gratulationen für seine Tat im Laufe der Zeit im besten Fall die Geringschätzung, im schlechtesten Fall die Verachtung. Und irgendwann wird der Verräter vergessen sein.

Ob Stiller dies bewußt war? Wie auch immer seine Motivation gewesen sein mochte: Jeder, der Derartiges tat, würde aufgrund der Kooperation mit einem neuen Herrn schon aus reinem Selbstschutz seine Gesinnung verklären und eine konstruktive Auseinandersetzung mit seiner Tat scheuen.

Und was mich persönlich betraf: Sollte dieser Göde meine

Chancen eines Treffens mit Stiller auch als aussichtslos einschätzen, ich beschloß, nicht aufzugeben und weiterzusuchen, und zwar so lange, bis ich Stiller gefunden hatte. Mittlerweile ging es mir ums Prinzip: Je größer der Widerstand, desto größer mein Wille, diesen zu überwinden.

Aber zunächst kam ich einfach nicht weiter. Ich beendete endlich meinen Artikel über den Reichstagsbrand und schickte ihn an die Zeitschrift.

Es regte sich erst wieder etwas Hoffnung in mir, als mein früherer Kommilitone mich anrief, um mit mir einen Besuchstermin in München zu vereinbaren. Wir einigten uns auf den nächsten Monat, und ich freute mich, weil ich die Stadt nicht kannte. Ich buchte meinen Flug und meldete mich bei Klaus Göde. Er hielt sein Versprechen, und wir vereinbarten, uns sozusagen konspirativ auf dem Marienplatz vor dem Buchladen Hugendubel zu treffen. Für diese zweite Begegnung hatte ich mir zum Ziel gesetzt, Göde doch dafür zu gewinnen, mir zu helfen. Aber ich wollte auch meinen Eindruck von einem noch im Dienst stehenden Nachrichtendienstler vertiefen. Mich interessierten vor allem die Struktur der nachrichtendienstlichen Binnenwelt und die Methoden der Rekrutierung des geheimdienstlichen Nachwuchses.

Klaus Göde kam pünktlich zum verabredeten Treffpunkt. Er zeigte mir ein paar Straßenzüge und Kirchen, und anschließend kehrten wir in ein typisch bayrisches Restaurant im Innenstadtbereich ein. Meine Fragen beantwortete er ohne Zögern. Gödes Schwerpunkt sei die operative Aufklärung. Als er in den Dienst eingetreten sei, habe er erst einmal Russisch lernen müssen. Eine spezielle BND-Schule bilde die zukünftigen Geheimdienstler mit den notwendigen Sprachkenntnissen und den speziellen Arbeitsmethoden aus. Von seiner Ausbildung her sei er Jurist und vom BND angeworben worden. Die Anwerbung sei zu seiner Zeit die übliche Methode für die Rekrutierung neuer Mitarbeiter gewesen. BND-Vertraute an den Universitäten machten auf mögliche Nachwuchskräfte aufmerksam. Heute sei der BND dazu übergegangen, wie normale Unternehmen Stellenanzeigen zu schalten und zusätzlich zu den Vorstellungsgesprächen Assessment-Center abzuhalten. Mittlerweile könne sich auch jeder selbst bewerben. Die Kinder von Mitarbeitern hätten, so Göde, die besten Chancen. Gleiches hatte ich während meines selbst verordneten Studiums auch über die Methoden der DDR-Staatssicherheit gelesen. Die Einstellungsvoraussetzungen entsprächen denen der verschiedenen Laufbahnen des Öffentlichen Dienstes. Die Mitarbeiter kämen aus den unterschiedlichsten Fachrichtungen, so daß es schwierig sei, ein allgemeines Anforderungsprofil zu benennen: Theologen, Chemiker, Biologen, Historiker seien vertreten, und selbst Tierärzte, die zum Beispiel Kampfstoffe auswerteten. Wie bei vielen anderen Unternehmen auch, existiere ein großer Bedarf an Kräften aus der Informationstechnologie.

Göde erzählte weiter, daß einige Mitarbeiter in ihrer Funktion als klassische operative Agenten überfordert seien. Diesen Kollegen gelänge es nicht, dauerhaft legendiert zu leben. Bei einigen mache sich das durch die Veruntreuung von Geld bemerkbar. Diese Information fand ich äußerst interessant, weil das meinem Vater auch vorgeworfen worden war. Ich fragte Göde, wie er denn mit seiner Legende zurechtkomme. Er habe damit keine Probleme, auch nicht mit seinem Decknamen. Für seine unmittelbare Umgebung sei er offiziell in der Finanzverwaltung beschäftigt, ab und an auch beim Europäischen Patentamt. Finanzverwaltung höre sich derartig langweilig an, daß er keine Nachfragen zu befürchten habe. Ich fragte weiter nach, ob er sich denn nicht sozial isoliert fühle, einsam, weil er über berufliche Konflikte mit niemandem reden könne. Für ihn bestehe dieses Problem nicht. Er habe seine Kollegen und seinen Stammtisch und fühle sich rundherum zufrieden.

Wir zogen noch durch diverse Kneipen. In einer Bar kam ein Bekannter auf ihn zu, schlug ihm auf die Schulter und sprach ihn mit Peter an. Damit war er gemäß den nachrichten-dienstlichen Gesetzmäßigkeiten zur Hälfte dekonspiriert. Ich lachte schallend und kündigte an, daß ich das auf jeden Fall meinen Freunden erzählen würde. Er versuchte, mir das zu verbieten, aber da hatte er keinen Erfolg. Ich war nun wirklich nicht verpflichtet, mich an nachrichtendienstliche Vorschriften zu halten. Gegen Mitternacht gingen wir zum Marienplatz zurück. Er umarmte mich zum Abschied und entschwand in der U-Bahn. Ich habe ihn nicht wiedergesehen.

Ich war zufrieden. Nach der theoretischen Lektüre über das Nachrichtengeschäft hatte ich nun die Möglichkeit bekommen, etwas über die praktische geheimdienstliche Arbeit zu erfahren. Einen besseren Gesprächspartner hätte ich mir gar nicht wünschen können. Aber in Sachen Stiller war ich erfolglos geblieben. Ich verstand es nicht: Mit den Methoden, die Göde zur Verfügung standen, hätte er doch sicherlich nur eine halbe Stunde gebraucht, um Stillers Telefonnummer ausfindig zu machen und ihm meinen Wunsch nach einem Treffen mitzuteilen. War es denn wirklich zuviel verlangt?

Einen Tag vor meinem Geburtstag wurde mein Artikel über den Reichstagsbrand veröffentlicht. Meine Freude darüber hielt nicht lange an. Die Vertreter der Mehrtäterschaftsthese schrieben mir beleidigende E-Mails und belästigten mich mit Anrufen. Schließlich setzten sie eine Gegendarstellung durch. Auch Fritz Tobias schrieb mir einen Brief, in dem er seine Freude bekundete, daß ich seine Einzeltäterschaftsthese unterstützt hatte. Ich rief ihn an und bedankte mich. Wir kamen ins Gespräch, und er erzählte mir, daß er früher beim Verfassungsschutz gearbeitet habe. Ich fragte ihn, ob er in seiner Funktion viel mit dem Bundesnachrichtendienst zu tun gehabt habe. Er verneinte dies, aber wenn ich mich dafür interessierte, könne ich mich mit seinem Sohn in Verbindung setzen. Er arbeite als promovierter Chemiker beim BND und stehe wie Klaus Göde im Range eines Regierungsdirektors. Das war ein toller Zufall. Ich rief seinen Sohn an und offerierte ihm eine Führung durch das Reichstagsgebäude. Er versprach, mich anzurufen, wenn er in Berlin zu tun habe. Einige Wochen später meldete er sich tatsächlich und holte mich von meinem Büro ab.

Tobias junior war ein ganz anderer Typ als Klaus Göde, locker und unbürokratisch. Er war etwa Ende 40. Nach der Führung gingen wir essen, und ich stellte meine Fragen. Er erzählte von seiner Anwerbung für den BND, seiner Arbeit, von seinen Kollegen und von diversen Weihnachtsfeiern. Ich fragte ihn, ob er die Anwerbung nicht seinem Vater, der in leitender Position beim Verfassungsschutz tätig war, zu verdanken gehabt habe. Das verneinte er. Eher sei das Gegenteil der Fall gewesen, weil sich der BND und der Verfassungsschutz in einem Konkurrenzverhältnis zueinander befänden. Die Mitarbeiter des BND verstünden sich als eine Art gehobene Klasse von Nachrichtendienstlern, weil sie im Gegensatz zu ihren Kollegen vom Verfassungsschutz keine deutschen Mitbürger observierten, sondern sich ausschließlich auf das Ausland konzentrierten.

Er hatte das Stellenangebot des BND angenommen, weil er hoffte, an dieser Stelle effektiv an gesellschaftlichen Veränderungen mitwirken zu können. Nach dem obligatorischen Einführungslehrgang an der BND-Schule und dem ebenfalls obligatorischen Russischsprachkursus sei er jetzt als Sachgebietsleiter in der Auswertung tätig. Sein Schwerpunktgebiet seien Massenvernichtungswaffen. Er benutze keinen Decknamen, weil er mit einer Tarnidentität psychisch nicht umgehen könne. Damit bestätigte er die Aussage von Klaus Göde, nach der einige operative Agenten überfordert seien, dauerhaft legendiert zu leben.

Seinen Redefluß empfand ich als untypisch für einen Nachrichtendienstler, was ich auch anmerkte. Er erklärte mir, daß er innerhalb des BND den Flügel repräsentiere, der sich für mehr Offenheit und Transparenz sowie für die Überwindung der immer noch teilweise starren Hierarchien einsetze. Das bedeute aber nicht, daß er Zugriff auf entsprechende Adressenpools habe. Es tue ihm wirklich leid, aber er könne mir deshalb nicht weiterhelfen, Stiller zu finden.

Niedergeschlagen ging ich nach Hause. Meine Enttäuschung war grenzenlos. Alle Versuche, Stiller, der für mich mittlerweile ein Phantom geworden war, aufzufinden, um durch ihn vielleicht Licht in die Vergangenheit meines Vaters bringen zu können, waren gescheitert. Mich befiel ein Zustand der Lethargie. Wenn ich in der Zeitung Artikel altkluger Journalisten las oder im Fernsehen Reden von moralisierenden Politikern hörte, in der die heutige Jugend zu mehr Sensibilität für die jüngste deutsche Vergangenheit aufgefordert wurde, wandte ich mich angewidert ab. Für viele schien mein Drang nach Aufarbeitung offensichtlich ein exotisches Hobby zu sein. Mein Vater war unfähig zu erkennen, wie belastend es für mich war, seine Lebensgeschichte nicht zu kennen, und weigerte sich, mir zu helfen, und diejenigen, die mir hätten helfen können, beriefen sich auf ihre professionelle Geheimniskrämerei. Die bitterste Erkenntnis war, daß mein Bemühen, meinen Vater zu verstehen, noch mehr Fragen als Antworten erbracht hatte.

Ich fühlte mich wie jemand, der in die Mühlräder zweier Generationen und zweier Systeme hineingeraten war, so daß ich nirgends Halt finden konnte, dessen Schicksal es offenbar war, die Zerrissenheit verschiedener Welten als persönliche Qual zu erleben. Das Phantom Stiller diente mir dazu, dieser Qual zu entgehen und alles, was ich mir wünschte, auf ihn zu projizieren, um einen Orientierungspunkt zu gewinnen und der Realität zu entkommen. Das war nicht das erste Mal, daß ich auf diese Weise der Wirklichkeit entfloh. Als Kind und Jugendliche hatte ich mich täglich aus dem Alltag hinweggeträumt. Mein Versinken in Träume und Phantasien war für mich wie eine die Einsamkeit unterdrückende Betäubung. Ich wählte für meine Träume ausschließlich männliche Filmfiguren und erzählte ihnen alles, was in mir vorging. Sie hatten immer Zeit für mich und hörten mir zu, schenkten mir ihre ungeteilte Aufmerksamkeit, nahmen mich in den Arm, tanzten und spielten mit mir, und abends träumte ich, wie sie mich in den Schlaf sangen.

Ich stellte von Kindesbeinen an sehr hohe Ansprüche an mich. Mein Ziel war es, besser zu sein als andere. Das gelang mir in den Bereichen, die mir wichtig waren. Seit frühester Kindheit bestand ich innerhalb meiner Interessengebiete darauf, selbständig für mich zu entscheiden, und ließ mich dabei von niemandem beeinflussen. Ich hatte das Glück, daß meinen Wünschen in der Regel entsprochen wurde. Bereits als kleines Kind fühlte ich mich zur Musik hingezogen und wünschte mir ein Klavier, das ich auch bekam. Da war ich neun Jahre alt, und mein Vater saß zu dieser Zeit im Gefängnis. Die Musik war und ist für mich die höchste Kunst, mit der ich mich bis heute durch mein tägliches Üben auseinandersetze. Nichts beeindruckt mich mehr als hochbegabte Künstler, die ihr Leben der Musik widmen und es verstehen, den Tönen eine Seele zu geben. Zugleich erleichtert die Musik mein Wegträumen aus der Realität, weil ich mir unter dem Einfluß der Töne alles vorstellen kann, ohne ein Interpretationsmuster berücksichtigen zu müssen. Die Musik nimmt auch Einfluß auf meine Gefühlswelt. Traurige Musik raubt mir meinen Lebensmut. Lyrische oder temperamentvolle Musik erzeugt bei mir intensive sinnliche Gefühle. Für mich gibt es nichts Erotischeres als Musik.

Demgegenüber vermittelten mir der Klavierunterricht und das regelmäßige Üben die Fähigkeit zur Selbstdisziplin. Es kam beim Unterricht häufig vor, daß ich ein und denselben Takt 20- oder 30mal hintereinander wiederholen mußte. Diese Wiederholungen erschienen mir damals pedantisch, aber dadurch lernte ich, auch in anderen Lebensbereichen unangenehme Situationen besser zu ertragen und generell mein Durchhaltevermögen zu stärken.

Als Kind und Jugendliche war ich stolz, besser Klavier

spielen zu können als die Schüler, die zu Hause auf einem Flügel übten und deren Eltern teuren Privatunterricht bezahlen konnten und die Auffassung vertraten, Klavierunterricht gehörte im wahrsten Sinne des Wortes zum guten Ton, auch wenn sie ansonsten nichts von Musik verstanden. Meine Verachtung für diese Kinder und Eltern war groß. Auch heute noch verachte ich diejenigen, die nichts aus eigener Kraft entschieden und erreicht haben und nur dank familiärer Verbindungen und dem elterlichen Vermögen studiert und eine Stelle bekommen haben.

Mit neun Jahren beschloß ich, mich taufen zu lassen und zur Kommunion zu gehen. Warum ich diesen Entschluß gefaßt habe, weiß ich nicht. Ich erlag vermutlich dem Einfluß meines vorwiegend katholischen Umfeldes. Bei der Taufe war ich mit dem Kaplan allein in einer düsteren Ecke der Kirche. Von der Familie war niemand da, und ich war froh, als die für mich unverständliche Zeremonie vorbei war. Nach der Kommunion trat ich in eine katholische Jugendgruppe ein, deren Mitglied ich bis zu meinem Kirchenaustritt zehn Jahre später blieb. Die Kirchenmessen besuchte ich selten. Die Predigten des Pfarrers langweilten mich, und ich hatte Mühe, nicht einzuschlafen. Immer wenn ich einen Gottesdienst besuchte, befiel mich zusätzlich das Gefühl, für dumm verkauft zu werden. Ich konnte nie verstehen, warum sich die Gemeindemitglieder jeden Sonntag diese Legendengeschichten anhörten. Die Kluft zwischen den Predigten des Pfarrers und meiner persönlichen Lebenssituation schien mir unüberwindlich groß zu sein. Zu meiner Jugendgruppe hingegen ging ich gern, allerdings nur wegen der Partys und der Spiele und später wegen der Berlinfahrten, die Kultstatus besaßen. Ich genoß die Gespräche und die Ausflüge, die wir unternahmen. Diskussionen über die christliche Religion führten wir selten. Die intern gebildeten Cliquen und ihre Feiern stellten für mich das Symbol für Freiheit, Unabhängigkeit und Selbständigkeit dar. So gleichgültig ich auch dem katholischen Weltbild gegenüberstand –

die Gruppenstunden vermittelten mir das Gefühl der Kameradschaft und schufen einen Ersatz für mein Zuhause, wo hauptsächlich über Kleinigkeiten gestritten wurde und nur das Fernsehen vorübergehend für Ruhe sorgte.

Aus heutiger Sicht kann ich mich nicht ganz von dem Eindruck freimachen, daß diese Jugendgruppen auch als eine Art Eheanbahnungsinstitut dienten. Viele von den früheren Gruppenmitgliedern sind heute miteinander verheiratet und nie aus ihrer Heimatstadt herausgekommen. Ihr Denken kreist um den beruflichen Status und das eigene Haus. Um eines beneide ich sie dennoch: Die Freundschaften, die damals unter ihnen geschlossen wurden, halten noch immer. Sie unternehmen viel gemeinsam, veranstalten Sommerpartys und Whiskyabende und begleiten sich gegenseitig durch das Leben.

Ich war ehrgeizig, stellte aber dennoch meine wahren Interessen immer zurück und konnte meine Stärken dadurch nicht weiterentwickeln. Es gelang mir nicht, die für mich geeignete Erfolgsstrategie zu finden. Das fing bereits in der Schule an. In der Oberstufe wählte ich die falschen Leistungskurse: Spanisch und Französisch interessierten mich nicht wirklich und lagen mir auch nicht. Daher konnte ich beim Abitur nicht so gut abschneiden. Nur in Geschichte bekam ich eine glatte Eins. Beim Studium war es ähnlich. Ich entschied mich für das Fach Geschichte, weil ich es faszinierend fand, wie sehr vergangene Zeiten auf das heutige Alltagsleben einwirken. Im Geschichtsunterricht hatte ich gelernt, daß unser Namenssystem aus der römischen Antike stammte. Das gab den Ausschlag für meine Entscheidung, ein Geschichtsstudium aufzunehmen. Hinzu kam, daß in meinem Klassenraum ein Bild hing, das eine Straßenszene mit vielen Menschen aus dem vorletzten Jahrhundert zeigte. In Gedanken sprang ich häufig in dieses Bild hinein und stellte mir vor, was in diesen Menschen vorging, wie sie ihre Tage verbrachten und ihre Freizeit gestalteten. Ich wollte unbedingt mehr darüber wissen.

Das Geschichtsstudium fand ich spannend, aber ich besuchte Seminare, deren Themen mich ebenfalls nicht richtig interessierten. Ich hätte mich gern auf das Dritte Reich konzentriert, doch der damalige Professor erschien mir zu streng, so daß ich befürchtete, meinen Zeitplan verlängern zu müssen. Mir war es nur wichtig, schnellstmöglich und schneller als meine Kommilitonen das Studium zu beenden. Das gelang mir auch, aber richtigen Spaß machte mir das Studium nicht. Das setzte sich mit der Promotion fort. Ich habe sie durchgezogen, ohne wirkliche Freude und Interesse an meinem Thema zu entwickeln. Und beruflich weiß ich immer noch nicht genau, was ich will. Das Schwierige hierbei ist, daß ich jetzt nicht mehr so viele Ausweichmöglichkeiten habe. Die Chancen auf dem Arbeitsmarkt stehen einfach zu schlecht.

Seit der Verhaftung meines Vaters fühlte ich mich zudem als Außenseiterin, besonders bei denjenigen, die aus den sogenannten gutbürgerlichen Verhältnissen kamen. Diese Gedanken gingen mir kürzlich wieder auf einer Party durch den Kopf. Alle Gäste waren etwa in meinem Alter und kamen aus der gehobenen gebildeten Mittelschicht. Ich spürte die übliche Verachtung ihnen gegenüber in mir aufsteigen und fühlte mich zugleich wegen meines familiären Hintergrundes als nicht gleichrangig und bei ihnen fehl am Platz. Ich bin zwar stolz darauf, daß ich trotz allem meinen Weg irgendwie gegangen bin und zum Teil besser als diejenigen, die von ihren Eltern das notwendige materielle und geistige Rüstzeug mitbekamen, aber im Grunde genommen habe ich mit ihren Lebensläufen nichts gemeinsam.

Meine letzte Begegnung mit einem Ex-Freund bestätigte meine Außenseiterrolle. Wir saßen direkt gegenüber dem Bahnhof Friedrichstraße in der Ständigen Vertretung, über uns wußte ich die ehemalige konspirative Wohnung der Staatssicherheit, und ich erzählte ihm von der Tätigkeit meines Vaters. Wie meine Schulkameraden zuvor, konnte auch er es anfangs nicht glauben, aber irgendwann tat er es doch. Meine Frage war, wie er darauf reagiert hätte, als wir noch zusammen waren, ob er Schluß gemacht hätte. Er zögerte bei der Antwort und bejahte sie schließlich mit der Begründung, daß dieses Thema damals sehr brisant gewesen war. Zumindest war er ehrlich. Eine andere Antwort hatte ich von ihm, dessen Familie Wert auf beste gesellschaftliche Kontakte legte, ohnehin nicht erwartet. Mir fiel im weiteren Verlaufe des Gespräches auf, daß er meinem Vater ähnlich war: unsensibel, an mir desinteressiert, mit mangelndem Einfühlungsvermögen und verletzend in seinen Worten.

Das Klingeln des Telefons schreckte mich auf. Die helle Stimme von Ursula Popiolek drang durch den Nebel meiner Gedanken zu mir. Sie teilte mir mit, daß sie gute Neuigkeiten für mich habe. Wenn ich Interesse hätte, könnte ich zu ihr in die Bibliothek kommen und mir den Film über Stiller anschauen, der bei meinem ersten Besuch bei ihr gerade verliehen war. Ihre Veranstaltung mit ihm als Referenten war damals aufgezeichnet worden. Ursula Popiolek hatte noch eine zweite gute Nachricht für mich parat. Sie habe jemanden ausfindig machen können, der Kontakt zu Stiller hat. Den Namen dürfe sie nicht sagen, aber sie könne mir seine Telefonnummer geben.

Ich konnte es kaum glauben. Noch vor fünf Minuten hatte ich gedacht, es habe alles keinen Sinn mehr, und jetzt rückte ein Kontakt mit Stiller in greifbare Nähe. Ich rief sofort diese geheimnisvolle Person an. Seine laute Ansage auf dem Anrufbeantworter tat meinem Ohr weh. Ich stellte mich kurz vor und bat um Rückruf.

Einige Minuten später klingelte mein Telefon erneut. Achim Jurk, den ich bei seiner Führung durch die Gedenkstätte in der Normannenstraße kennengelernt hatte, machte mich auf das Fernsehporträt von Guido Knopp aus den neunziger Jahren über Stiller aufmerksam und lud mich zur Vorführung in die Gedenkstätte ein. Ich sagte erfreut zu.

Zuerst fuhr ich in die Bibliothek, um mir den Film über die damalige Veranstaltung anzuschauen. An der Diskussionsrunde hatten auch Walter Thräne[2] und die Witwe von Werner Teske teilgenommen. Meine Geduld wurde auf eine harte Probe gestellt, weil der Videorecorder zunächst nicht funktionierte. Aber dann ging er doch, und endlich kam das Bild.

Das erste, was mir an Stiller auffiel, war seine Stimme. Sie paßte für mein Gefühl nicht zu seinem äußeren Erscheinungsbild. Einen rationalen Grund konnte ich dafür nicht angeben. Mir fiel weiterhin seine Körpersprache auf. Ich hatte die Erfahrung gemacht, daß die Sprache des Körpers noch vor der verbalen Kommunikation erkennen ließ, was in einem Menschen vorging. Stiller rieb sich häufig die Augen oder verdeckte sie. Er griff sich oft an das Ohr, und sein Blick war meistens gesenkt. Dadurch, daß er seine Hände und Arme häufig bewegte, wirkte er unruhig. Manchmal schlug er die Hände vor das Gesicht. Seinem früheren Decknamen »Stahlmann« machte er dadurch keine Ehre. Seine Körpersprache drückte Nervosität und Zerrissenheit aus. Wer keinen Blickkontakt mit den Zuhörern hält, signalisiert bekanntlicherweise Unsicherheit. Die häufige Bewegung seiner Hände zum Ohr wertete ich als typische Verlegenheitsgeste. Seine Äußerung, daß er das Risiko und das Abenteuer liebe, stand im völligen Gegensatz zu seiner Mimik und Gestik. Er verstärkte diesen Kontrast durch seine Bemerkung, daß sein Faible für die Gefahr in seinem Erbgut sei. Während andere Leute Geld für ihre Sicherheit ausgäben, habe er noch nicht einmal eine

---

2 Walter Thräne, Jahrgang 1926, zuletzt Hauptmann in der Auswertung im Sektor Wissenschaft und Technik der HVA, war am 11. August 1962 mit einer Freundin nach West-Berlin geflüchtet. Knapp vier Wochen später wurden beide in eine Falle gelockt, in Oberösterreich von MfS-Mitarbeitern überwältigt, nach Prag verbracht und dann in das Zentrale Untersuchungsgefängnis des MfS in Hohenschönhausen eingeliefert. Obwohl Thräne nach seinem Übertritt keinen Kontakt zu westlichen Geheimdiensten gesucht hatte, wurde er trotzdem wegen Spionage und Fahnenflucht angeklagt und vom Bezirksgericht Neubrandenburg zu 15 Jahren Zuchthaus verurteilt, die Mitangeklagte erhielt vier Jahre Zuchthaus. Walter Thräne verbüßte davon 10½ Jahre in Einzelhaft. Erst am 30. Januar 1973 wurde er amnestiert. Er ist am 9. November 1993 gestorben.

Krankenversicherung abgeschlossen. Er betonte mehrmals, daß ihm das Nachrichtengeschäft großen Spaß gemacht habe. Selbst wenn ihm damals der Fall Walter Thräne bekannt gewesen wäre, hätte er »wohl das gleiche getan«. Er kritisierte die Schlampigkeit und Unkenntnis des BND bei der Vorbereitung seiner Flucht, die ihm beinahe zum Verhängnis geworden wären. Letztendlich habe er Glück gehabt. Er lobte demgegenüber den BND für den sorgfältigen Schutz und die Fürsorge nach seinem Übertritt. Die Bedeutung seines Übertritts sah er in erster Linie in dem psychologischen Schaden für das MfS. Er, der in der DDR aufgewachsen und geschult worden sei, war gegangen. Weder elitärer Korpsgeist noch soziale Privilegien und ideologischer Drill boten somit eine Gewähr für die Zuverlässigkeit von MfS-Mitarbeitern. Den Schaden durch den Verlust der West-Quellen stufte er als gering ein, weil das MfS davon, so Stiller, genügend habe.

Der Film brachte für mich zwar keine neuen Einsichten, aber ich hatte zum ersten Mal beobachten können, wie Stiller sprach und sich bewegte. Die Art seines Erzählens ließ darauf schließen, daß er über einen gewissen Charme verfügte. Seine Bewertung des Übertritts reichte mir nicht aus. Stiller schien sich bei seinem Hinweis über den durch seine Flucht entstandenen psychologischen Schaden darauf beschränkt zu haben, das von Karl Wilhelm Fricke geschriebene Nachwort aus seinem Buch zu zitieren. Darin hatte dieser versucht, die weitergehenden Konsequenzen des Übertritts für den inneren Zustand des MfS zu beschreiben. Ich gewann den Eindruck, daß Stiller sich der Vielschichtigkeit der Auswirkungen seines Übertritts überhaupt nicht bewußt war und sich niemals damit auseinandergesetzt hatte.

Einige Tage später ging ich mit einigen Freunden zum ehemaligen Dienstsitz von Erich Mielke, um mir den Film von Guido Knopp anzuschauen. Während meine Freunde an einer Führung durch die Gedenkstätte teilnahmen, sah ich ihn mir vorab allein an. Der Film gefiel mir, weil er neben Stiller auch andere Personen zeigte, wie zum Beispiel seine damalige Geliebte Helga Michnowski, mit deren Hilfe er seine Flucht vorbereitet hatte, oder seine damalige ungarische Ehefrau Erzsébet, die ich bislang nur als junges Mädchen auf einem Foto gesehen hatte. Sie berichtete von dem Tag, als die Mitarbeiter der Staatssicherheit bei ihr klingelten und ihr mitteilten, ihr Mann habe Republikflucht begangen. Sie erklärte, daß sich Leute aus dem Westen niemals vorstellen könnten, was diese Worte für sie bedeutet hatten. Sie waren gleich einem Todesurteil gewesen, hatten die totale Existenzvernichtung angekündigt.

In diesem Augenblick kamen mir die Tränen. Wie konnte ich sie verstehen! Das war doch bei uns das gleiche gewesen, genau das gleiche schlimme Gefühl. Meine Umwelt verschwamm wie damals auf der Dachterrasse von Manfred Vogel. Ich sah mich wieder in der Küche sitzen und hörte das Schellen der Beamten, dieses Schellen, das die abrupte Zerstörung sowohl der materiellen als auch der seelischen Sicherheit und Sorglosigkeit unerbittlich ankündigte. Ich nahm wieder die Geräusche wahr, die die Durchsuchung verursacht hatte: das Herausziehen der Schubläden, das Öffnen der Schränke und die gedämpften Gespräche der Beamten untereinander. Ich hörte die hektische Stimme meiner Mutter, die verlangte, sich in Abwesenheit der Beamten ankleiden zu dürfen, spürte ihren Wunsch, meinen Vater irgendwie zu warnen, ihre verzweifelte Hoffnung, daß sich alles als ein Irrtum herausstellte, und sah mich selbst am Küchenfenster stehen, hoffend, daß wir weiterhin die Miete zahlen könnten und sich jemand um mich kümmerte, mir alles erklärte und mich woanders hinbrachte. Aber es kam niemand, der sich mit mir beschäftigte, nur das Verbot, über all das zu reden. Wie schade, dachte ich, daß ich die Tochter von Stiller nicht kannte. Sie könnte mich verstehen. Sie hatte doch das gleiche erlebt, nur auf der östlichen Seite.

Ich stand auf, ging zum Fenster und versuchte mich zu beruhigen. Ich schaute zu dem Gebäude hinüber, das früher die HV A beherbergt hatte. Wie groß dieser Komplex doch war. Wie hatten noch einmal die Worte meiner Freundin gelautet? Das eigentliche Leben meines Vaters habe woanders stattgefunden, unsere Wohnung habe ihm als Nebenquartier gedient. Ja, hier schräg gegenüber hatte sein Leben stattgefunden, hier war es geprägt worden. Es war paradox: Mein Vater hatte in diesem Haus kein Arbeitszimmer gehabt und es als Westagent vermutlich niemals betreten dürfen, aber es war sein Hauptquartier, seine Heimstätte und sein Lebensmittelpunkt gewesen.

Meine Freunde betraten den Raum und rissen mich aus meinen Gedanken. Ich wischte mir die Tränen ab und schaute mir den Film nochmals mit ihnen an. Sie fanden das Porträt sehr interessant und lachten über Stillers Einschätzung, daß jeder Ehemann, der eine Geliebte habe, ebenfalls eine Art Doppelagent sei. Achim Jurk fragte mich, warum ich nicht einen Artikel über Stiller schriebe, inzwischen sei ich doch Expertin, was seine Person anging. Daran hatte ich noch nicht gedacht. Ich hielt nicht viel davon, über einen Menschen zu schreiben, zu dem eine persönliche Verknüpfung bestand. Zudem war das gescheiterte Bemühen, meinen Vater sachlich und distanziert zu beurteilen, noch zu frisch in meiner Erinnerung. Ich befürchtete, daß ich bei dem Versuch, eine Analyse über Stiller zu schreiben, nochmals in Emotionen abgleiten würde. Andererseits kannte ich Stiller nicht persönlich, so daß ich ihn unbeeinflußt analysieren könnte. Ich war unschlüssig. Doch die Idee ließ mich nicht mehr los.

Das Glück schien mir hold zu sein. Nur wenige Tage später rief mich tatsächlich der von Ursula Popiolek vermittelte Stiller-Mittelsmann zurück. Er stellte sich als Bernhard Prochomuth* sowie als Bekannter von Stiller vor und bot mir an, einen Brief von mir an Stiller per E-Mail weiterzuleiten. Allerdings wollte er sich mit mir vorab treffen, um sich ein Bild von mir zu machen. Wir verabredeten uns für denselben Abend.

Mit meiner Konzentration war es vorbei. Meine Gedanken kreisten nur noch um den Brief an Stiller. Ich setzte mich vor meinen Computer und starrte auf den Bildschirm. Wie sollte ich ihn anreden? Mit Herr Stiller oder mit Herr Fischer? Ich entschied mich für seinen Geburtsnamen. Was war es doch für ein merkwürdiges Gefühl, »Sehr geehrter Herr Stiller« zu schreiben. Er war für mich schon so lange kein Mensch aus Fleisch und Blut mehr, sondern ein Phantom, das irgendwo in dieser Welt lebte. Ich freute mich vor allem, daß es mir trotz aller Widrigkeiten gelungen war, ihn ausfindig zu machen. Eine Antwort auf meinen Brief würde jetzt nur noch von Stiller kommen und von keinem anderen. Egal, wie sie lautete. Ich schrieb die ersten Sätze und war zu meiner Überraschung nach einer halben Stunde fertig. Ich wollte den Brief einige Stunden liegen lassen, nochmals lesen und ihn dann abschikken.

Gegen Abend traf ich mich mit Bernhard Prochomuth am Bahnhof Friedrichstraße. Wir gingen in ein Café in einer Seitenstraße. Von seinem Äußeren her paßte er im Vergleich zu meinen beiden früheren Gesprächspartnern vom Bundesnachrichtendienst am ehesten zu einem Geheimdienst. Er war geschäftsmäßig gekleidet und hatte Ähnlichkeit mit Roger Moore. Ich schätzte ihn auf Ende 40, Anfang 50. Sein Parfümgeruch benebelte mich etwas und lag mir anschließend noch mehrere Stunden in der Nase. Es war ein angenehmer, aber mir fremder Duft. Nach der Begrüßung fragte ich nach seinem Beruf. Er gab keine direkte Antwort darauf, und ich gewann den Eindruck, daß er bewußt undurchsichtig wirken wollte. Er referierte zuerst langwierig über Angela Merkel, die mich an diesem Abend nun wirklich nicht interessierte. Aber dann kam er zum eigentlichen Thema. Es sei absolut kein Problem, meinen Brief an Stiller weiterzuleiten: Er kenne eine amerikanische Bekannte von ihm, die seine E-Mail-Adresse besaß. Ich solle ihm meinen Brief mailen, und er werde sie bitten, ihn an Stiller weiterzuleiten. Wie ich mich freute! Aber Prochomuth warnte mich. Stiller sei ziemlich oberflächlich und nicht der große Schreiberling. Statt dessen reise er viel. Er liebe das Abenteuer, betreibe Drachenfliegen und sei ein Hallodri, der gern die Nächte in Bars verbringe und durchzeche. Sein Erfolg bei Frauen sei phänomenal. Er habe eine sehr niveauvolle Strategie, sich Frauen anzunähern. Hinzu komme seine Lebensgeschichte, die auf die meisten Frauen anziehend, geradezu erotisch wirke. Unzählige Affären lägen zwischen seinen Ehen. Zur Zeit sei er zum vierten Mal verheiratet, aber die Ehe sei so gut wie geschieden. Und was schließlich mich betreffe: Stiller würde mich auf jeden Fall kennenlernen wollen, weil er unsere Konstellation als kurios empfinden werde. Aber ich möge mir nicht vorstellen, daß er bei mir anriefe und einen Termin vereinbarte. Er komme und gehe, wann er es für richtig halte. Vielleicht stehe er morgen vor meiner Haustür oder erst in einem Jahr. Er werde mich dann in ein nettes Restaurant oder in eine exklusive Bar einladen und in gepflegter Atmosphäre mit mir sprechen. Prochomuth vermutete, daß es ihn noch stärker reizen würde, mit meinem Vater an einem Tisch zu sitzen, einem Menschen, der ihm den Tod wünschte. Für Stiller eröffne sich mit meiner Bekanntschaft außerdem vielleicht die Möglichkeit, Markus Wolf und seine ehemaligen Vorgesetzten zu treffen. Stiller habe dahingehend einige Versuche unternommen, aber keinen Erfolg gehabt. Da konnte ich mein Lachen nicht mehr zurückhalten. Ich hatte mit Markus Wolf genauso viel zu tun wie Stiller mit dem Papst.

Mir fiel mir auf, wie Prochomuth über Stiller redete. Seine Augen leuchteten, und zugleich sprach aus ihnen Neid. Er war offensichtlich von Stiller fasziniert und bewunderte seinen Lebensstil. Die Mischung aus Oberflächlichkeit, Abenteuer und Abgrund schien ihn gefangenzunehmen und gleichzeitig abzustoßen. Ich hatte das Gefühl, daß er ihn zu kopieren versuchte. Es hätte mich wirklich interessiert, welchem Beruf

Prochomuth nachging. Aber dazu wollte er partout nichts sagen.

Ich fragte, ob er wisse, wo Stillers Tochter wohne. Das verneinte er. Er sagte nur, daß Stiller auf seine Kinder nichts kommen lasse und sich seit der Wende intensiv um sie kümmere. Zum Schluß versicherte mir Prochomuth, daß er Stiller nachdrücklich empfehlen werde, sich mit mir zu treffen. Ich bedankte mich für seine Hilfe und verabschiedete mich.

Ich ging zurück zum Bahnhof Friedrichstraße und schaute auf die kleinen Wellen der Spree, die sich zwischen dem ehemaligen Treffpunkt meines Vaters und dem Bahnhof ihren Weg bahnten. Prochomuths Worte schwirrten mir durch den Kopf. Wie waren seine Aussagen über Stiller zu bewerten? Wenn sie stimmten, bestätigten sie meinen Eindruck, daß der heutige Peter Fischer mit Werner Stiller nicht abgeschlossen hatte. Warum wollte er Markus Wolf treffen? Suchte er die Absolution von ihm? Wollte er ihm noch einmal die Meinung sagen?

Seine rastlose Lebensweise deutete darauf hin, daß er Angst hatte, zur Ruhe zu kommen und sich mit sich selbst zu beschäftigen. Sein Ich schien tief verborgen zu sein, verdeckt von seiner Ruhelosigkeit und seinen diversen Affären. War es nicht für ihn traurig, daß die Frauen zwar seine Maske mochten, ihn selbst aber nicht erkannten? Aber wie sollten sie das, er kannte sich sicher selbst nicht. Was sollte er auch anderes tun, seit Jugendzeiten mußte er lügen, täuschen und vor allem schweigen. Wie mein Vater. Wie sollte er denn da offen und ehrlich gegenüber anderen Menschen sein? Und nach dem Übertritt folgten neue Namen und Legenden und die Angst, entdeckt zu werden. Unter diesen Umständen war eine ernsthafte Bindung zu anderen Menschen doch unmöglich. Sicherlich fühlte er sich sehr einsam und merkte gar nicht, daß seine Versuche, diese Einsamkeit durch möglichst viele Aktivitäten und Frauengeschichten zu kompensieren, die innere Leere noch anwachsen ließ. Dies erklärte auch seine unsichere Körperhaltung. Dazu paßte auch sein Hobby: Drachenfliegen, eine risikovolle, sinnliche Sportart. Sinnlich insofern, als der Drachenflieger sich der Natur hingibt und sie genießt. Fliegen bedeutet, sich über die Dinge und Menschen zu erheben, bedeutet Freiheit. In der Luft brauchte er keine Legenden, keine neuen Namen und keine Maske, die sein wahres Ich und seine Einsamkeit verdeckten. Diese Einsamkeit war der Preis, den er zahlen mußte. Ein Preis, für den er selbst die Verantwortung trug. Niemand hatte ihn gezwungen, für die Staatssicherheit zu arbeiten. Sein extremes Risikobedürfnis, sein materieller Ehrgeiz und seine Selbstbezogenheit hatten ihn diesen Weg gehen lassen. Die Motive seiner Gegenfigur, meines Vaters, waren andere gewesen: eine fanatische ideologische Überzeugung. Mochte die Motivation der beiden unterschiedlich gewesen sein, das Ergebnis war ähnlich. Beide hinterließen eine Spur der seelischen Verwüstung sowohl bei sich selbst als auch bei ihren Angehörigen. Letzteres konnte ich natürlich nur für meine Familie feststellen, weil ich die Familie von Stiller nicht persönlich kannte. Aber nach den Erzählungen von Stillers ehemaliger Frau konnte ich mir nicht vorstellen, daß die damaligen Geschehnisse spurlos an ihr und den Kindern vorübergegangen waren.

Ich faßte an das Brückengeländer und schaute abwechselnd zum Haus am Schiffbauerdamm, hinüber zum Bahnhof und auf die Wellen. Ich sah auf der Spree eine kleine Ente, die versuchte, gegen die Wellen anzukämpfen und zu mir zu schwimmen, weil sie Futter erhoffte. Ich hatte aber kein Brot bei mir. Irgendwann schwamm sie fort und kämpfte gegen den Strom an. Ich starrte noch eine Weile auf das Wasser. Mein Kopf war leer.

Am selben Abend las ich meinen Brief an Stiller nochmals durch und mailte ihn dann an Bernhard Prochomuth. Jetzt hieß es, sich in Geduld zu üben und zu warten. Ich fühlte mich erleichtert, denn wie immer es ausgehen mochte: Ich hatte alles versucht und jede Möglichkeit genutzt, um Stiller zu begegnen. Mehr konnte ich nicht tun. Wie ich später erfuhr, ist dieser Brief nie bei ihm angekommen. Seine amerikanische Bekannte hatte ihn aus Eifersucht nicht weitergeleitet.

Während ich vergeblich auf Antwort von Stiller wartete, entschloß ich mich, ein Porträt über ihn zu schreiben. Die Quellenlage war im Vergleich zu der meines Vaters geradezu paradiesisch, weil die Akten über Stiller in der Gauck-Behörde erhalten geblieben waren. Ich rief mir als zusätzliche Hilfestellung die Gespräche mit Fricke, Göde und Prochomuth, die beiden Filme mit und über Stiller, seine Interviews und Presseartikel sowie sein Buch ins Gedächtnis und überlegte mir eine erste Gliederung. Mein Anspruch war es, auf analytischer Basis zu schreiben. Mir war natürlich klar, daß ich ein wichtiges Gesetz der Geschichtswissenschaft, nämlich das der Distanz zum Untersuchungsthema verletzen würde. Noch klarer war mir meine fragwürdige Motivation: Hauptsächlich das Nichtwissen über den eigenen Vater und mein mangelnder Zugang zu ihm trieben mich dazu, über seinen Gegenpart zu arbeiten. Doch ein intensives und emotionsfreies Arbeiten über Stiller stellte für mich die einzige Möglichkeit dar, zumindest einen Teilaspekt der vielen offenen Geheimnisse zu erforschen und zu verarbeiten. Eine andere Möglichkeit hatte ich nicht. So stellte ich meinen zweiten Akteneinsichtsantrag bei der Behörde. Diesmal würde ich keine Absage bekommen. Falls es mir versagt sein sollte – noch hoffte ich auf eine Beantwortung meines Briefes –, Stiller persönlich zu treffen, dann würde ich ihn eben durch die Akten kennenlernen.

Nach wenigen Wochen erhielt ich von der Gauck-Behörde positiven Bescheid: Ich könne die Akten an einem Standort in der Nähe des Alexanderplatzes einsehen. Also schwang ich mich auf mein Fahrrad und fuhr los. Es war mittlerweile kalt und schneite. Als ich über den Alexanderplatz hinüber zur Otto-Braun-Straße radelte, fühlte ich mich wieder einmal wie zeitversetzt, diesmal in die sechziger und siebziger Jahre. Endlich würden sie sich mir zumindest in Form der Akten präsentieren. Auch das Ambiente stimmte: Die Zweigstelle der Behörde war in einem typischen DDR-Plattenbau untergebracht. Ordnungsgemäß meldete ich mich an der Pforte an und wurde in eines der oberen Stockwerke geschickt. Eine Sachbearbeiterin händigte mir die Akten aus. Ich nahm sie vorsichtig in meine Hände. Schließlich war darin auch ein Stück meiner Vergangenheit enthalten. Ich setzte mich ans Fenster und konnte mich nicht sofort konzentrieren. Mein Blick schweifte über die Dächer des ehemaligen Ost-Berlin, und ich stellte mir vor, wie Stiller auf dem Bahnhof Friedrichstraße die Tür öffnete und die Schwelle zu einem neuen Leben übertrat in dem Bewußtsein, nie mehr zurückkehren zu können, und in der Absicht, seine eigenen Mitstreiter, die er selbst zur Spionage verführt und angeleitet hatte, dem Verderben preiszugeben. Eine endgültige, nicht mehr rückgängig zu machende Tat. War dies nicht derselbe Verrat, wie er in der Bibel von Judas beschrieben wurde?

Ein Schneeschauer nahm mir die Sicht durch die Fenster und holte mich in die Gegenwart zurück. Ich legte das Deckblatt zur Seite und begann zu lesen. Ich las Stillers handgeschriebenen Eid, den er bei seinem Eintritt in den Dienst hatte leisten müssen. Ich erfuhr, daß er aus erster Ehe noch eine Tochter hatte, und studierte die Charakterisierungen durch seine Vorgesetzten und ehemaligen Kollegen. Zwei Beschreibungen kehrten immer wieder: eine extrem starke Abhängigkeit von seiner Sexualität und sein Unvermögen, schwierige Situationen und Konflikte durchzustehen. Wie in Trance bestellte ich die Aktenkopien und machte mich damit auf den Weg nach Hause.

Ich begann, die Informationen zu verarbeiten, und versuchte, in seine Psyche einzudringen, ihn zu analysieren wie einen mathematischen Satz. Meine Wunschbilder, die ich im Laufe der Zeit von ihm aufgebaut hatte, verblaßten und verschwanden schließlich. Das Phantom verwandelte ich in einen historischen Sachverhalt. Ich konzentrierte mich auf seine

Motivation, für die Staatssicherheit tätig zu werden. Dies sah ich als entscheidenden Aspekt für seinen weiteren Lebensweg an. Aus der Quellenlage erkannte ich, daß er sich freiwillig und ohne Zwang für seine Tätigkeit beim MfS entschieden hatte. Meine bisherigen Überlegungen trafen also zu. Frei von jeglicher ideologischer Überzeugung, waren sein Aufstiegswille und seine Freude am Risiko die Motive gewesen, in die Staatssicherheit einzutreten und sie ein paar Jahre später auch wieder zu verlassen.

Ich verzichtete auf eine moralische Bewertung seines Übertritts und beurteilte ihn ausschließlich nach politischen Maßstäben: Nach denen hatte er dem demokratischeren Teil Deutschlands einen großen Dienst erwiesen und Einblicke in einen Apparat erlaubt, dessen Gefährlichkeit in der Bündelung umfassender Kompetenzen lag und einem diktatorischen System diente. Das Wort Verrat vermied ich.

Während des Verfassens habe ich mich nicht nur in die Persönlichkeit Stillers hineinzudenken versucht, sondern mir auch noch einmal die Ereignisse in meiner Familie in Erinnerung gerufen. Das Schreiben war, verglichen mit meinen bisherigen geistigen Ausflügen in frühere Jahre, die emotional intensivste Reise in die Vergangenheit gewesen. Ich durchlebte noch einmal die Geschehnisse in meiner Familie, die Durchsuchung der Wohnung, den Schock darüber, die Jahre des Schweigens danach.

Nach etwa drei Wochen hatte ich den Artikel fertig. Und auch meine innere Auseinandersetzung war damit abgeschlossen. Das war mein wichtigstes Ziel gewesen. Selbst wenn keine Zeitschrift meinen Artikel veröffentlichte, so war ich zumindest meinen Wunsch losgeworden, Stiller zu sehen. Ich hatte mich derart intensiv in ihn hineinversetzt und über ihn nachgedacht, daß ich kein besonderes Interesse mehr hatte, ihn kennenzulernen. Mein Beitrag stellte für mich den Sieg meines Verstandes über meine Gefühle dar. Das Thema war für mich erledigt. Ich konzentrierte mich jetzt ganz auf die Gegenwart. Den Klotz der Vergangenheit hatte ich abgeschüttelt, und für mich begann ein neuer Lebensabschnitt.

Der Stiller-Artikel interessierte mich nur noch in bezug auf seine Veröffentlichung. Die *Zeitschrift des Forschungsverbundes SED-Staat* erklärte sich bereit, den Artikel zu drucken. Meine Telefongespräche mit dem zuständigen Redakteur über notwendige Korrekturen und Nachbesserungen waren von nun an die einzige Verbindung, die noch zu diesem Thema bestand. Diese letzte Verbindung riß ab, als die Redaktion grünes Licht für die Veröffentlichung gab.[3] Ich fühlte mich endlich frei.

Nach etwa einem Dreivierteljahr jedoch brachte ein eigenartiger Traum die Vergangenheit zurück: Ich stand vor dem Haus auf der Treppe unterhalb meines Briefkastens und sah Werner Stiller zu mir hinunterkommen. Er war leger in Jeans gekleidet. Mir war klar, daß er zu mir wollte, und ich ärgerte mich darüber, daß meine Haare nicht gut frisiert waren. Zugleich überlegte ich mir, wie ich ihn ansprechen sollte. Mit Herr Stiller oder mit Herr Fischer? Ich habe vergessen, welchen Namen ich im Traum wählte. Außerdem fühlte ich mich wegen meines kritischen Artikels über ihn befangen. Aber mir blieb keine Zeit, mir dazu die richtigen Worte zu überlegen. Er stand vor mir, und ich begrüßte ihn und sagte zu ihm, ich hätte immer gehofft, daß er einmal kommen würde. Er antwortete, daß Frauen eben immer auf irgend etwas hoffen würden. Daraufhin fragte ich ihn, ob er denn noch nie auf etwas gehofft habe. Eine Antwort gab er nicht.

---

3 Der Artikel wurde in der *Zeitschrift des Forschungsverbundes SED-Staat der FU Berlin* (ZdF) 11/2002 veröffentlicht.

Edina Stiller
Erst jetzt fühlte ich mich wirklich verlassen

Die erste Kontaktaufnahme meines Vaters zu meiner Mutter erfolgte gleich nach der Wende. Er hatte sich telefonisch bei ihr gemeldet und um ein Treffen gebeten. Sie willigte ein, und sie verabredeten Zeit und Ort der Zusammenkunft. Ich war wahnsinnig aufgeregt und bat meine Mutter, mir alles haargenau zu berichten.

Nach dem Treffen erzählte sie mir, daß mein Vater sie nahezu auf Knien angefleht habe, ihm den Kontakt zu meinem Bruder und mir zu ermöglichen und ihm keine Steine in den Weg zu legen. Er versprach ihr mehrmals hoch und heilig, sich in Zukunft um uns zu kümmern und für uns da zu sein. Da meine Mutter meinen Vater sehr gut kannte, fiel es ihr schwer zu glauben, daß er auf einmal in der Lage sein sollte, Verantwortung für jemand anderen als sich selbst zu übernehmen. Er muß wohl sehr überzeugend gewesen sein, denn sie willigte schließlich unter der Maßgabe ein, daß er uns unter gar keinen Umständen noch einmal weh tun dürfe. Sie hat es ihm nur erlaubt, weil sie hoffte, daß das Kennenlernen unseres Vaters und das Zusammensein mit ihm eine Bereicherung für unser Leben sein würde.

Ich glaube, hätte sie geahnt, daß er auch in Zukunft nicht wirklich für uns da sein würde, hätte sie nicht einmal ihre Zustimmung zu dem Treffen mit ihm gegeben. Ich bin heute froh darüber, daß sie sich dazu durchgerungen hat, einfach weil er trotz allem mein Vater ist und ich ihn lieb habe und tief in meinem Inneren spüre, daß er genauso empfindet. Er hat mir aufgrund vieler egoistischer, für mich und viele andere nicht verständlicher Handlungsweisen nicht unbedingt die Gewißheit dieses Gefühls vermittelt, aber ich weiß es dennoch, ob das andere nun verstehen können oder nicht.

Nach meinem ersten Besuch bei ihm folgten in ziemlich unregelmäßigen Abständen weitere. Mir fiel sehr schnell auf, daß Zuverlässigkeit nicht zu seinen Stärken zählte. Es kam oftmals vor, daß er einen Tag vor einem verabredeten Treffen anrief und erklärte, es sei ihm etwas sehr wichtiges Geschäftliches dazwischengekommen und wir müßten es leider verschieben. Da ich immer zu ihm nach Frankfurt fuhr, hatten wir uns stets auf mehrere Tage des Zusammenseins geeinigt, weil sich die lange Fahrt sonst kaum gelohnt hätte. So mußte ich jedesmal meinen schon lange vorher gestellten Urlaubsantrag zurückziehen und einen neuen einreichen. Es kam sogar vor, daß ich meinen eingereichten Urlaub einige Male verschieben mußte, und es schmerzte immer wieder aufs neue, weil es mir das Gefühl gab, nicht sonderlich wichtig für ihn zu sein. Später stellte ich fest, daß er generell nur seinem eigenen Zeitplan folgt und alle anderen sich danach richten müssen. Ich habe lange gebraucht, diese unabänderliche Tatsache zu akzeptieren. Ob er sich nun unbedacht oder bewußt so rücksichtslos verhielt – es war der pure Egoismus.

Meine Besuche bei ihm liefen fast immer gleich ab. Er versprach mir vorher überschwänglich, sich für die ganze Zeit Urlaub zu nehmen, und wenn ich dann eingetroffen war, schob er wieder wichtige geschäftliche Termine vor. Abends gingen wir entweder in ein Restaurant oder er kochte für uns. Seine Kochkünste sind phänomenal, aber nicht nur deshalb genoß ich es, wenn er in der Küche stand. In der Hinsicht frage ich mich, nach wem ich eigentlich geraten bin. Meine Mutter ist eine sehr gute Köchin, mein Bruder kocht leidenschaftlich gern, und für mich ist die ganze Kocherei nur ein notwendiges Übel, dem ich wenig abgewinnen kann, obwohl ich sehr gern esse.

Während dieser gemeinsamen Essen mit meinem Vater unterhielten wir uns viel, und er war stets bestrebt, so gut es ihm möglich war auf mich einzugehen. Das war nicht leicht für ihn, denn ich blieb recht zurückhaltend, meist aus Befürchtung, etwas Dummes zu sagen und ihn vielleicht zu enttäuschen. So ist nie jene Vertrautheit entstanden, die ich mir für uns beide immer gewünscht hatte. Es ist mir in Gegenwart meines Vaters nie wirklich gelungen, die positiv denkende und fühlende Seite meines Ichs zu offenbaren. Meine negative, ständig zweifelnde, eher unselbständige Seite lernte er während unserer Zusammentreffen dagegen zur Genüge kennen. Er hat trotzdem immer versucht, mich in meinem Glauben an mich selbst zu bestärken, mir meine Vorzüge aufzuzeigen und mir einen Weg zu weisen, aber so sehr er sich auch bemühte und immer noch bemüht, in seiner Gegenwart werde ich wohl immer ein ständig an mir selbst zweifelnder, pessimistisch denkender Mensch bleiben.

Das Zusammensein mit ihm ist für mich trotzdem etwas ganz Besonderes. Nicht nur weil er mein Vater ist und ich ihn gern habe, sondern weil ich selten einen so intelligenten, an allem interessierten, humorvollen und trotz seiner vielen Fehler charmanten Menschen kennengelernt habe. Trotz seines inzwischen doch schon gereifteren Alters legt er eine Spontaneität und Energie an den Tag, wie ich sie selbst bei einem wesentlich jüngeren Mann noch nie feststellen konnte. Er hat eine Art an sich, die es einem schier unmöglich macht, ihn nicht zu mögen und entgegen jeder Vernunft nicht in sein Herz zu schließen, auch wenn man ihn wegen seiner Unzuverlässigkeit schon zigmal verflucht und zum Teufel gewünscht hat.

Es gibt jedoch etwas, das mich bei ihm stört und vermuten läßt, daß es ihm nie ganz gelungen ist, mich gefühlsmäßig tatsächlich wieder mit der kleinen Tochter, die ich einmal für ihn war, zu verbinden. Er definiert sich sehr stark über seine Sexualität, was sicher viele Männer tun, aber es drängt ihn, auch mir seine sexuellen Erlebnisse ausführlich zu schildern. Ich habe ihn schon mehrmals vergeblich gebeten, mich mit solcherlei zu verschonen, und ihm auch gesagt, daß ich das als Frau und erst recht als seine Tochter abstoßend und demütigend finde. Unangenehm ist es mir auch, daß seine jeweiligen Freundinnen meist um einige Jahre jünger sind als ich. Ich weiß, daß es allein ihm überlassen ist, welche Altersgruppe bei den Frauen er bevorzugt, und ich nicht das Recht habe, ihm deshalb Vorhaltungen zu machen. Vielleicht wäre ich eher in der Lage, seine Freundinnen zu akzeptieren, wenn ich in ihrem Beisein nicht immer das Gefühl hätte, die zweite Rolle zu spielen. Zu deutlich spüre ich, daß mir dann nicht die Aufmerksamkeit zuteil wird, die ich eigentlich als Tochter erwarte.

Ein Erlebnis dazu blieb mir in sehr unschöner Erinnerung. Er lebte schon seit einiger Zeit in Budapest, und ich besuchte ihn dort für wenige Tage. Er hatte wieder eine wesentlich jüngere Freundin, um die er die ganze Zeit herumschwänzelte, was mir ziemlich zusetzte. Es war ein schöner Sommertag, und wir entschlossen uns, an den Balaton zu fahren, um ein wenig in der Sonne zu liegen und schwimmen zu gehen. Mein Vater und seine Freundin schmusten auf einer Doppelluftmatratze und schienen mich darüber völlig vergessen zu haben. Als es mir zuviel wurde, ging ich schwimmen und beschloß, meinem Vater etwas Angst einzujagen. Ich schwamm und schwamm, ohne zu bedenken, ob ich noch genügend Kraft für den Rückweg hatte. Ab und zu blickte ich zum Ufer zurück, um zu sehen, ob mein Vater bemerkt hatte, daß ich nicht mehr neben ihnen lag, aber dem schien nicht so zu sein. Nachdem ich schon ziemlich weit draußen war, beschloß ich, zurückzuschwimmen, mußte aber bald feststellen, daß ich schon ziemlich erschöpft war. Ich hatte das Gefühl, durch die hohen Wellen immer wieder zurückgeworfen zu werden und dem Strand überhaupt nicht näher zu kommen. Meine Schwimmbewegungen wurden hektischer und unkontrollierter, und in meiner Angst fing ich an, lauthals nach meinem Vater zu rufen, aber er schien mich nicht zu hören. Ich spürte, wie meine Kräfte mich verließen und ich nahe daran war, aufzugeben. Es war eigenartig, aber das einzige, was mir dabei durch den Kopf schoß, war, daß es meine Mutter zerbrechen würde, noch ein Kind auf diese Art zu verlieren. Irgendwann schien mein Vater dann doch auf mich aufmerksam geworden zu sein und kam mir entgegengeschwommen. Ich mobilisierte meine letzten Kräfte und schaffte es bis zu ihm. Als ich aus dem Wasser stieg, zitterte ich am ganzen Körper und berichtete ihm keuchend von meiner Panik. Doch er legte sich einfach wieder zu seiner Freundin auf die Matratze und kümmerte sich nicht weiter um mich. Ich fühlte mich total verlassen und dachte immer nur, daß mein Vater doch merken müßte, wie schlecht es mir ging.

Eine andere Gelegenheit aber hat mir dann gezeigt, daß ich mich in schweren Momenten doch auf ihn verlassen kann. Ich war etwa zwanzig, als ich beim Waschen einen Knoten in meiner linken Brust ertastete. Bei der Untersuchung wurde ein Karzinom diagnostiziert, dessen Gut- oder Bösartigkeit erst durch eine Operation festzustellen war. Einen Tag vor der OP wurde mir im Krankenhaus eine Art Vertrag zur Unterzeichnung vorgelegt mit der Bestimmung, daß ich mich mit einer eventuell notwendigen Amputation der Brust einverstanden erklärte. Mein Vater rief mich am selben Tag im Krankenhaus an, und ich berichtete ihm vom Inhalt des Vertrages und daß ich vorhätte, ihn zu unterzeichnen. Er regte sich unsagbar darüber auf, verbot mir, einen solchen Vertrag zu unterschreiben, und versprach, sich sofort um eine andere Lösung zu kümmern. Ich vertraute auf sein Wort und ließ mich wieder aus dem Krankenhaus entlassen.

Tags darauf kam er nach Cottbus, um mich abzuholen. Er hatte mir einen Platz in der Universitätsklinik in Lübeck besorgt, wo die Untersuchungsmethoden umfangreicher und vielseitiger waren, und übernahm ohne Zögern die gesamten Kosten meines Aufenthaltes, der Operation und der hinterher folgenden ambulanten Weiterbehandlung.

Es gibt einen Teil in seiner Persönlichkeit, der vermuten läßt, daß er in seinem Innersten ein sehr einsamer, zerrissener und teilweise unglücklicher Mensch ist, der nie das gefunden hat, wonach er gesucht hatte, und der nie wirklich wußte, wonach er eigentlich suchte. Seine Energie und Spontaneität, Ruhe- und Rastlosigkeit sowie die unglaubliche Hektik dienen dazu, vor sich selbst zu fliehen. Ich bin heute ziemlich sicher, daß er uns, auch ohne den damaligen Übertritt, viele Male verlassen hätte. Er ist ein Mensch, dem es unmöglich ist, sich in festgefügten Bahnen zu bewegen, dem Stillstand jeder Art ein Greuel ist. Würde er jemals das Gefühl bekommen, nicht mehr die notwendige Kraft zu besitzen, auszubrechen und sich fortzubewegen, wäre meiner Meinung nach Selbstmord für ihn der einzig denkbare Ausweg.

Er hat auf seinen jeweiligen Wegen Menschen überrannt, ohne auch nur einen Moment lang innezuhalten und zurückzublicken. Es hat ihn nicht interessiert, ob diese Menschen danach noch in der Lage waren, wieder unbeschadet aufzustehen und ihren Weg fortzusetzen. Das kann ich ihm niemals verzeihen.

Die Treffen mit meinem Vater bereicherten zwar mein Leben, aber meine innere Verlorenheit, die mich nahezu körperlich schmerzte, konnten sie mir nicht nehmen. Eine wirkliche Nähe zu ihm war nicht entstanden. Meine Mutter litt noch zu sehr unter dem Verlust ihres Kindes und konnte mir wenig Zuwendung geben. Die gesellschaftlichen Bindungen und meine politische Gewißheit, die mir einen Handlungsrahmen und innere Sicherheit gegeben hatten, waren verlorengegangen. Meinen Freunden wollte und konnte ich mich nicht anvertrauen. Mit meinen damals knapp 20 Jahren fehlte mir nahezu jegliches Selbstbewußtsein und der Glaube an mich selbst. Ich hatte nicht die geringste Ahnung, wer ich eigentlich war und wohin ich wollte. So tat ich genau das, was ich meinem Vater vorwarf, und versuchte auf eine Art vor mir selbst zu fliehen, die mich dann fast zerstört hätte.

Um mich zu betäuben, griff ich zum Alkohol. Ich fühlte mich durch ihn auf eine wunderbare Weise lebendig. Wenn ich trank, lösten sich meine Probleme und Selbstzweifel in Nichts auf, und ich hatte das Gefühl, stark zu sein und alles bewältigen zu können. Ich zog nächtelang durch Diskos und Kneipen, bemerkte, daß ich mit meinem zur Schau gestellten Selbstbewußtsein ziemlich gut beim männlichen Geschlecht ankam, und nutzte das für mich aus. Ich machte ständig wechselnde Eroberungen, ohne dabei wirkliche Gefühle zu entwickeln. Männer, die etwas von sich hielten, müssen das gespürt haben und zogen sich mitunter schnell zurück, und für die anderen hatte ich nur Verachtung übrig. Ins Bett gegangen bin ich mit den wenigsten, mir war nur das Ausspielen meiner angeblichen Überlegenheit wichtig. Teilweise hatte ich auch Beziehungen, die länger hielten, und ich fragte mich später so manches Mal, wie es die Männer mit mir ausgehalten haben. Ich beanspruchte meine Freiheit und engte meinen jeweiligen Partner gleichzeitig ein. Ich verlangte totale Hingabe und war nicht in der Lage, etwas Gleichwertiges zurückzugeben. Ich nahm mir jedes Recht heraus, versagte es meinem jeweiligen Partner aber strikt und hatte nicht einmal ein Einsehen für mein ungerechtes Verhalten. In dem Maße, wie mitunter dennoch meine Gefühle stärker wurden, wuchsen auch meine Verlustängste und mein Nichtglaube an eine intakte, gleichberechtigte Partnerschaft, und ich sah den für mich einzigen Ausweg darin, die Beziehung systematisch zu zerstören. Ich hatte schon als Kind die Vorstellung, daß ich niemals heiraten und auch keine Kinder haben würde. In meinem Kopf hat noch nie das Bild einer intakten Familie existiert.

In dieser Hinsicht bewunderte ich immer sehr meinen Bruder. Er ist in der Lage, sich gefühlsmäßig vollkommen zu öffnen und auf seine Partnerin einzugehen. Sein Ziel ist es, selbst einmal eine Familie zu gründen, und er wird bestimmt einen sehr guten Ehemann und fürsorglichen Vater abgeben. Meist verlache ich Menschen, die so denken wie er, aber tief in mir beneide ich sie um ihren Glauben und habe Angst vor der späteren Einsamkeit.

Mein Alkoholkonsum wuchs innerhalb von zwei Jahren stetig an, und ich bemerkte nicht, wie ich die Kontrolle über meine Trinkgewohnheiten mehr und mehr verlor. Von Freunden wurde ich gelegentlich vorsichtig darauf angesprochen, aber ich habe es jedesmal als lächerlich abgetan. Zu Hause versteckte ich die Flaschen in meinem Zimmer, um meine Trinkerei vor meiner Mutter geheimzuhalten. Sie hat auch lange Zeit nichts mitbekommen, vielleicht hat sie es auch nicht wahrhaben wollen. Eine Begebenheit hätte ihr wirklich die Augen öffnen müssen. Ich hatte nachts in meinem Zimmer eine Flasche geleert und spürte eine unglaubliche Wut in mir aufsteigen. Ich riß die Tür zu ihrem Schlafzimmer auf und schrie, daß sie sich doch nur selbst belügen würde. Was ich noch gesagt habe, weiß ich nicht mehr, dann riß ich die Wohnungstür auf und stürmte, nur in Hemd und Slip bekleidet, auf den Treppenflur, um das Haus zu verlassen. Mein Stiefvater, der mein Geschrei in seinem Zimmer gehört hatte, rannte mir nach und holte mich in die Wohnung zurück. Wir haben darüber, wie über alle anderen Vorkommnisse, nicht mehr gesprochen.

Irgendwann bemerkte ich selbst, daß mit mir etwas nicht stimmte. Es passierte mir immer häufiger, daß meine Hände am Morgen und auch tagsüber bis zum nächsten Schluck zitterten, ich hatte Gedächtnislücken und legte eine immer größer werdende Gleichgültigkeit an den Tag. Im nüchternen Zustand war ich meist nur noch damit beschäftigt, meine zitternden Hände vor den anderen zu verbergen und mich so normal wie möglich zu geben, was mir unglaublich schwerfiel. Ich hatte das Gefühl, als würde mein Körper von innen heraus zittern und ich die Kontrolle über ihn verlieren. Im Innern fühlte ich mich leer, abgestumpft und gefühllos. Die Arbeitstage erschienen mir immer länger und der normale Alltag immer unüberwindbarer. Trotz allem habe ich es nie versäumt, zur Arbeit zu erscheinen, auch wenn es manchmal meine letzten Kräfte gekostet hat. Während der Arbeitszeit trank ich so gut wie nicht, denn was das für mich bedeutet hätte, war mir dann doch klar. Nachts zog ich nach wie vor durch die Diskos und Kneipen, fühlte aber dabei längst nicht mehr diese heitere Unbeschwertheit und Stärke.

Es gab während dieser Zeit Ereignisse, die mich hätten aufwachen lassen sollen. Eines Morgens erwachte ich nach einem Kneipenbesuch in einem fremden Bett neben einem Mann, den ich noch nie zuvor gesehen zu haben glaubte. Ich konnte mich an nichts mehr erinnern, obwohl ich, wie mir von Freunden später erzählt wurde, mit diesem Mann den ganzen Abend ausgiebig geflirtet hatte. Ein anderes Mal betrank ich mich im Beisein meines damaligen Freundes zu Hause, und auf einmal überfiel mich ein unglaublicher Schmerz über den Verlust meiner Schwester. Ich ging in die Küche, holte mir ein Messer und begann, mir die Beine aufzuschneiden. Mein Freund griff entsetzt ein, aber ich machte immer weiter. Bei jedem Schnitt fühlte ich mehr Erleichterung und wollte gar nicht mehr aufhören. Schließlich gelang es ihm, mir das Messer zu entwenden und es mit den anderen vorhandenen Messern zu verstecken, um diesen Irrsinn zu beenden. Es ist auch bei diesem einen Mal geblieben.

In jener Zeit entstand die tiefe Verbundenheit mit meinem Bruder. Manche Abende sah er meine Verzweiflung, hörte mir zu, versuchte mich zu trösten und ließ mich in seinen Armen einschlafen. Dieses innige und verantwortungsvolle Verhältnis zueinander ist geblieben.

Mein Vater bekam von all dem nichts mit. Wir trafen uns nur selten, bei Familienfeiern war er so gut wie nie zugegen und wenn doch, war es gang und gäbe, daß viel getrunken wurde, so daß ihm gar nichts auffallen konnte.

Meine Mutter indes konnte vor meinem Problem nicht mehr die Augen verschließen. In ihrer Hilflosigkeit versuchte sie es mit Verboten, erreichte bei mir aber nur das Gegenteil, und es kam häufig zu häßlichen Szenen. Eines Abends befand ich mich in meinem Zimmer und hatte gerade die Flasche zum Trinken angesetzt. Auf einmal kam meine Mutter herein, und angesichts der Peinlichkeit der Situation fiel mir nichts anderes ein, als Prost zu sagen. Ihren Blick werde ich niemals vergessen. Es war eine Mischung aus Verzweiflung und Angewidertsein. Er ging mir durch Mark und Bein. Sie sagte in ruhigem, aber bestimmtem Ton, daß sie keine Kraft mehr habe und ich ausziehen und mir eine eigene Wohnung suchen solle. Ich fühlte mich tief gedemütigt und wie ausgesetzt, weiß aber heute, daß ihre Reaktion die einzig richtige war.

Ich war damals 23, und es stand sowieso die Zeit an, meinen eigenen Weg zu gehen. Durch Vermittlung von Freunden fand ich eine Bleibe als Untermieter in einer Einraumwohnung, deren Mieter für längere Zeit im Ausland lebte. Sie befand sich in einem anderen Stadtteil in einem Haus, in dem fast nur alte Leute wohnten, was mir sehr recht war. Doch hatte ich mit dem plötzlichen Auf-mich-allein-gestellt-Sein ziemliche Schwierigkeiten. Ich fühlte mich oft einsam, trotzdem ich damals noch mit meinem Freund zusammen war. Von allen Männern, die ich bis dahin kennengelernt hatte, war er derjenige mit dem schwierigsten und unberechenbarsten Charakter. Wir machten x-mal Schluß und kamen immer wieder zusammen. Je mehr er mich abwies, desto mehr klammerte ich mich an ihn. Ich hatte das Gefühl, seine Liebe und seine Zuneigung seien für mich lebensnotwendig. Schließlich zog ich zu ihm.

Das Zusammenleben mit ihm war unerträglich. Wir stritten uns regelmäßig und heftig, und bei meiner schlechten Verfassung war es ein leichtes für ihn, meine Schwachpunkte herauszufinden und mir meine Unterlegenheit unter die Nase zu reiben. Aber ich bemühte mich auch nie, ihm eine wirkliche Partnerin zu sein, weil ich viel zu sehr mit mir und meinen diffusen Problemen beschäftigt war. Zärtlichkeiten gab es zwischen uns schon nach kurzer Zeit nicht mehr, und so war unser Zusammenleben mehr ein Gegeneinander als ein Miteinander.

Noch als ich bei meiner Mutter lebte, hatte ich trotz meiner Alkoholprobleme den Führerschein gemacht, und mein Vater schenkte mir nach bestandener Prüfung einen Ford Fiesta. Ich liebte dieses Auto und nutzte es bei jeder Gelegenheit, manchmal, wenn auch selten, auch in nicht mehr ganz nüchternem Zustand. Nach einer besonders heftigen Auseinandersetzung mit meinem Freund betrank ich mich, was meinen Gemütszustand nur noch verschlechterte, so daß ich mich entschloß, zu einem Kumpel zu fahren, um mich auszuheulen. Es war bereits zwei Uhr nachts, als ich mich in mein Auto setzte und losfuhr. Die Wirkung des Alkohols verstärkte sich, und ich verspürte eine gewisse Leichtigkeit, was sich auch in meinem Fahrstil äußerte. Wegen der erhöhten Geschwindigkeit, eines geplatzten Reifens und der fehlenden Fahrzeugbeleuchtung fiel ich einem Polizisten in Zivil auf. Er erstattete Meldung bei seiner Zentrale und veranlaßte, einen Einsatzwagen loszuschicken. Das erfuhr ich aber erst später. Ich überquerte die letzte notwendige Kreuzung, und plötzlich riß es mich aufgrund des geplatzten Reifens mit dem Fahrzeug auf die rechte Seite. Ich lenkte so stark gegen, daß das Auto eine halbe Drehung machte, von der Straße abkam und mit ziemlich hoher Geschwindigkeit direkt auf einen Parkplatz zuraste, der sich genau gegenüber der Arbeitsstelle meiner Mutter befand. Ich spürte noch einen kräftigen Rums, und dann war es still. Noch ehe ich wieder richtig zur Besinnung gekommen war, öffnete ein Polizist meine Wagentür und befahl mir, auszusteigen. Ich mußte auf einer geraden Linie gehen und in ein Röhrchen pusten. Danach wurde ich aufs Polizeirevier geschafft, und mir wurde Blut abgenommen. Ich weiß nur noch, daß sie mich dann im Polizeiwagen nach Hause fuhren. Dort fiel ich auf mein Bett und schlief sofort ein. Am nächsten Morgen rief mich meine Mutter an, und immer noch nicht im Vollbesitz meiner geistigen Kräfte erfaßte ich erst gar nicht, was sie von mir wollte. Sie fragte mich, ob ich letzte Nacht einen Unfall gehabt hätte. Da ich polizeilich noch bei meiner Mutter gemeldet war, hatte man ihr die Unfallmitteilung in den Briefkasten geworfen. Nachdem sie sich vergewissert hatte, daß mir nichts geschehen war, fragte sie mich, was mit dem Auto sei. Ich wußte es selbst nicht, und um sie zu beruhigen, sagte ich ihr, daß es nur eine kleine Schramme abbekommen habe. Wie sich später herausstellte, hatte ich in meinem Vollrausch einen großen Laternenmast umgefahren. Er lag umgestürzt und für alle sichtbar auf dem Parkplatz. Der Unfall wurde in den Radionachrichten erwähnt, und die Kolleginnen meiner Mutter machten noch ihre Scherze darüber, was wohl mit dieser Frau los gewesen sei. Meine Mutter saß dabei und hoffte inständig, daß der langsam in ihr aufkeimende Verdacht falsch war. Sie hätte sich sonst für mich in Grund und Boden geschämt. Auf dem Polizeipräsidium eröffnete man mir dann, wo sich mein Auto befand, nämlich auf dem Schrottplatz. Was ich dort zu sehen bekam, übertraf meine schlimmsten Erwartungen. Der vordere Teil meines geliebten Autos war fast vollständig weggerissen. Der Rest war eingebeult. Es war ein furchtbarer Anblick, bei dem sich jede Hoffnung auf eine Reparatur verflüchtigte.

Gegen mich wurde ein Strafverfahren eingeleitet, im Ergebnis dessen ich zu einer sehr hohen Geldstrafe und dem Führerscheinentzug für mindestens zwei Jahre verurteilt wurde. Vor Ablauf der zwei Jahre könnte ich mich jedoch einem psychologischen Test unterziehen und an einem Nachschulungskurs für Fahranfänger unter Alkoholeinfluß teilnehmen, um so, ohne erneute Prüfung, den Führerschein zurückzuerhalten. Da die bei mir festgestellte Promillezahl 2,7 betragen und ich mich noch in der sogenannten Fahrprobezeit befunden hatte, konnte ich mit dem Urteil noch zufrieden sein. Die mir vorgeschriebenen Ratenzahlungen waren aufgrund meines hohen Gehaltes bei der Bundeswehr das kleinere Übel.

Nach diesem Vorfall trank ich wesentlich weniger Alkohol,

aber ganz die Finger davon lassen konnte ich immer noch nicht. Kurz vor Ablauf der zwei Jahre setzte ich alles in Bewegung, um meinen Führerschein zurückzubekommen. Ich bestand sowohl den Gesundheitstest als auch das Gespräch mit dem Psychologen und erhielt die Genehmigung zum Nachschulungskurs. In der ersten Stunde mußten alle Teilnehmer die Höhe des Blutalkoholwertes angeben, der dazu geführt hatte, daß sie diesen Lehrgang besuchten. Als ich an der Reihe war, hätte ich am liebsten geschwiegen, denn ich hatte schon mitbekommen, daß der Wert bei allen anderen, abgesehen von einem älteren Mann, wesentlich geringer war. Die erstaunten und überraschten Blicke der anderen, selbst des Lehrgangsleiters, werde ich niemals vergessen. Den Führerschein bekam ich nach absolviertem Lehrgang zurück. Nur hatte ich leider kein Auto mehr.

Ganz schlimm für mich wurde es nach meiner Entlassung aus der Bundeswehr im September 1996. Es wurden etliche Stellen abgebaut, und nach den Gesichtspunkten der Sozialauswahl fiel ich aufgrund meines Alters und der geringen Jahre meiner Zugehörigkeit als erste durch das Raster. Ein Jahr lang wurde ich auf null Stunden gesetzt, bezog aber weiter mein volles Gehalt. Ich trank fast keinen Alkohol mehr, und meine Nerven waren in ständiger Anspannung. Der Verzicht auf den Alkohol und meine Arbeitslosigkeit ließen mich in einen Zustand der Depression verfallen. Zu den alltäglichen Dingen war ich kaum noch fähig. Selbst mit dem Haushalt fühlte ich mich überfordert. Zu Empfindungen wie Freude, Trauer, Wut, gar Liebe war ich überhaupt nicht mehr fähig und fühlte statt dessen nur noch Leere in mir. Wenn ich abends ins Bett ging, hatte ich Angst vor der endlos langen Nacht, und wenn ich morgens aufwachte, vor dem endlos langen Tag. Es erschien mir alles sinnlos, und entsprechend gleichgültig zeigte ich mich allem gegenüber. Mit meinem Freund konnte ich nicht darüber sprechen. Anfangs versuchte ich noch, mich anderen gegenüber mitzuteilen, da ich aber größtenteils nur verständnislose Blicke erntete, ließ ich es bleiben. Hoffnung auf Besserung hatte ich nicht. In dieser Zeit habe ich mitunter sogar an Selbstmord gedacht, aber etwas hielt mich immer davon ab. Zum einen der Gedanke an Menschen wie meine Mutter, meinen Bruder und eventuell auch meinen Vater, die mich liebten und denen ich damit unendlich viel Schmerz zufügen würde, und zum anderen wollte ich nicht auf solch eine Art versagen. Ich habe mich manchmal gefragt, was einem Menschen mehr Kraft abverlangt, das Leben oder der Freitod, und meiner Meinung nach kann es darauf nur eine Antwort geben. Ich würde mir niemals anmaßen, Menschen für den Entschluß, ihrem Leben freiwillig ein Ende zu setzen, zu verurteilen, weil man ihre persönliche Notlage nicht ermessen kann, aber ich denke, daß zum Leben, wie sinnlos es in manchen Zeiten auch erscheinen mag, wesentlich mehr Mut gehört.

Ich besorgte mir Fachliteratur, um herauszufinden, wie andere Menschen es geschafft hatten, aus diesem Loch der Hoffnungslosigkeit wieder herauszukommen. Manchen Satz mußte ich mehrmals lesen, um seinen Sinn zu erfassen, und es kam vor, daß ich am Ende eines Kapitels nicht mehr wußte, was ich eigentlich gelesen hatte. Ich benötigte für das Durcharbeiten eines Buches unendlich viel Zeit. Aber all das, was mir dann doch im Gedächtnis haftenblieb, trug nicht sehr dazu bei, in mir Hoffnung aufkeimen zu lassen. Die von den Betroffenen geschilderten Wege waren lang und steinig, und ich konnte mir einfach nicht vorstellen, noch weitere Jahre in diesem Zustand dahinvegetieren zu müssen.

Die Beziehung zu meinem Freund spitzte sich immer mehr zu. Weil ich mich ihm nicht mitteilte, konnte er sich meine geistige und körperliche Trägheit und meine mitunter ziemliche Geistlosigkeit nicht erklären. Ich glaube, wir haben uns gegenseitig verachtet, und die Trennung wäre längst überfällig gewesen, aber den letzten Schritt machte keiner von uns. Das Ganze eskalierte dann nach einer Geburtstagsfeier. Die Gäste waren gegangen, und mein Freund verlor plötzlich ohne einen für mich ersichtlichen Grund vollkommen die Nerven. Er schrie mich an und begann auf mich einzuschlagen. Obwohl ich am Boden lag und keine Reaktion der Abwehr zeigte, ließ er nicht von mir ab. In dem Moment habe ich nur noch Haß für ihn empfunden. Am nächsten Tag entschuldigte er sich, aber mir war klar, daß sich das, wenn ich bei ihm bliebe, wiederholen würde. Er redete mir ein, daß ich es ohne ihn nicht schaffen und gnadenlos untergehen würde, und eine Zeitlang habe ich ihm das aufgrund meiner labilen psychischen Verfassung noch geglaubt und diese sinnlose Beziehung weitergeführt. Womöglich genoß er es, jemanden zu haben, den er erniedrigen konnte, und in mir hatte er die ideale Person dafür gefunden. Nach einer erneuten Handgreiflichkeit seinerseits wachte ich endgültig auf und zog aus.

Vorübergehend wohnte ich bei Freunden, die mir auch halfen, meine erste eigene Wohnung zu finden. Das Alleinleben war furchtbar für mich, zumal ich arbeitslos war und immer noch unter Depressionen litt. Ich igelte mich vollkommen ein, lag meist mit heruntergezogenen Vorhängen den ganzen Tag im Bett und traf mich mit niemandem mehr. Jeder Schritt vor das Haus wurde für mich zur Qual und kostete mich unendliche Überwindung. In Gegenwart von Menschen bekam ich Schweißausbrüche und Panikattacken. Ich wußte nicht, wie es weitergehen sollte. Wenn ich versuchte, vernünftig darüber nachzudenken, drehten sich meine Gedanken im Kreis und verloren sich letztendlich im Nichts. Das erste Mal zog ich die Möglichkeit in Erwägung, therapeutische Hilfe in Anspruch zu nehmen. Anfangs war es nur ein Gedanke, und es dauerte eine Zeit, bis ich mich dazu durchrang, ihn in die Tat umzusetzen. Ich wollte nicht glauben, daß ich tatsächlich psychisch krank sein könnte.

In den ersten Therapiestunden fiel es mir sehr schwer, offen über mich zu sprechen. Der Psychologe gab sich alle Mühe, und gemeinsam durchforsteten wir meine Vergangenheit. Was er mir dann offenbarte, war für mich keine neue Erkenntnis. Er begründete meinen Zustand vor allem mit meinen Kindheitserlebnissen, die ich immer nur verdrängt, nie aber verarbeitet hätte. Nahezu all meine Ängste schob er auf den abrupten Verlust meines Vaters, den Tod meiner Schwester und meine Vergewaltigung sowie darauf, daß ich mich niemals mit diesen einschneidenden Erlebnissen auseinandergesetzt hatte. Ganz überzeugen konnte er mich aber nicht. Ich kann mir nicht vorstellen, daß andauernde Verdrängung allein einen Menschen tatsächlich psychisch so krank machen kann.

Nach Beendigung der Therapie ging es mir nicht wesentlich besser. Der Psychologe hatte mir zwar die Gründe für meinen Zustand genannt, aber nicht aufgezeigt, wie es mir gelingen könnte, meiner Lethargie zu entfliehen. Die Nähe von Menschen konnte ich nach wie vor nicht ertragen, genauso wenig wie die daraus resultierende Einsamkeit. Ich machte weiter wie bisher und blieb von der Außenwelt abgeschnitten.

Irgendwann ergab sich für mich die Möglichkeit, stundenweise in einem Zeitungsladen zu arbeiten. Der tägliche Umgang mit den Kunden ließ mich nach einiger Zeit wieder etwas sicherer werden und machte mir teilweise sogar Spaß. Außerdem genoß ich die Verantwortung, die mir lange Zeit gefehlt hatte. Im privaten Bereich schottete ich mich aber weiterhin ab und ging Begegnungen mit Freunden und Bekannten aus dem Weg.

Daß der Verkauf von Zeitungen nicht für die Dauer sein konnte, war mir klar, und so nutzte ich schließlich die Gelegenheit, als mir das Arbeitsamt eine Umschulung zur Rechtsanwaltsfachangestellten anbot. Den erforderlichen Eignungstest bestand ich, und ich konnte nun, gemeinsam mit einer Reihe von Frauen, zwei Jahre lang etwas völlig Neues lernen. Es dauerte eine Weile, bis meine Denkfähigkeit sich wieder so weit gesteigert hatte, daß ich dem Theoriestoff folgen konnte. Nach einiger Zeit konnte ich endlich wieder lachen und genoß das Zusammensein mit den anderen Frauen. Obwohl es noch oftmals Momente gab, in denen das lethargische Gefühl wieder in mir hochkam, gelang es mir nun wenigstens, es teilweise zu unterdrücken. Mein Humor, den ich über einige Jahre verloren hatte, kehrte langsam zurück, und ich empfand wieder Gefühle wie Trauer und Freude. Es ist vielleicht für andere schwer vorstellbar, aber man kann sich über ein Gefühl der Traurigkeit auch freuen.

Während dieser Zeit unternahm ich erstmals wieder den Versuch, eine Beziehung einzugehen. Ich hatte einen Mann kennengelernt, der genau das Gegenteil meines vorherigen Freundes war und mir von Anfang an das Gefühl gab, wichtig für ihn zu sein. Ich genoß seine Zuneigung, seine Aufmerksamkeit und seinen liebevollen Umgang mit mir, machte ihm aber das Zusammenleben aufgrund meiner ständigen Stimmungsschwankungen nicht gerade leicht. An meiner Antriebslosigkeit hatte sich wenig geändert, und auf seine Vorschläge für gemeinsame Unternehmungen reagierte ich meist ablehnend. Er bemühte sich sehr um mich, aber ich war noch immer nicht fähig, mich gefühlsmäßig auf einen Menschen wirklich einzulassen. In Momenten, in denen ich wieder endlos fiel, habe ich seine optimistische Lebenseinstellung gehaßt und ihn das auch spüren lassen.

Dann wurde ich schwanger. Zu dem Zeitpunkt absolvierte ich gerade mein Praktikum bei einem in Cottbus ansässigen Anwalt. Ich war 28, und mir war bewußt, daß, wenn ich das Kind austragen würde, es für mich keine Möglichkeit gäbe, nach der Umschulung wieder ins Berufsleben einzusteigen. Zudem waren die finanziellen Voraussetzungen für die Gründung einer Familie weder bei meinem Freund noch bei mir gegeben, so daß ich mich nach langem Zögern zur Abtreibung entschloß. Ich wollte das Kind nicht wirklich, sonst hätte ich mich anders entschieden. Die Trennung von meinem Freund erfolgte kurz darauf.

Meine Umschulung ging dem Ende zu, und die Prüfungen

rückten näher. Trotz meiner Zweifel bestand ich sie, hatte aber zunächst keine Aussicht auf eine Anstellung bei einem Anwalt. Ich versuchte mich als Fahrradkurier, arbeitete stundenweise am Computer bei einem Kurierdienst und half mitunter bei dem Anwalt aus, bei dem ich mein Praktikum absolviert hatte. Dann wurde es ihm möglich, mich für sechs Stunden täglich fest anzustellen. Ich freute mich sehr darüber, denn die Arbeit hatte mir immer viel Freude gemacht. Nach einem Jahr wurde meine Teilzeitstelle in eine Vollzeitstelle umgeändert.

In den letzten Jahren ist der Kontakt zu meinem Vater wieder intensiver geworden. Ich habe manchmal das Gefühl, daß er mit zunehmendem Alter zu erkennen beginnt, welchen Gewinn familiäre Bande bedeuten und daß es im Leben nicht nur darauf ankommt, sein eigenes Weiterkommen um jeden Preis, auch auf Kosten anderer, voranzutreiben. Zwei Begebenheiten haben mich in diesem Empfinden bestärkt.

Die erste ereignete sich bei der Beerdigung seiner Mutter, die nun schon einige Jahre zurückliegt. Nach dem Fall der Mauer hatten wir sofort wieder Kontakt zu unseren Verwandten väterlicherseits aufgenommen, die allesamt noch in dem Ort wohnten, mit dem auch viele meiner Kindheitserinnerungen verankert sind, einem kleinen Städtchen im Kreis Leipzig. Die Mutter meines Vaters und seine beiden Schwestern lebten meiner Erinnerung nach schon immer dort. Vor dem Übertritt meines Vaters hatten wir sie regelmäßig besucht, und ich hatte mich dort immer sehr wohl gefühlt. Besonders meine Mutter empfand eine innige Zuneigung zu der Mutter meines Vaters, die ihr nach der Ankunft in der DDR mit ihrer hingebungsvollen Art die Eingewöhnung in das für sie fremde Land erleichtert hatte. Sie war für sie zu einer Ersatzmutter geworden, und die langen Jahre, in denen jeglicher Kontakt zueinander verboten gewesen war, hatten an dem innigen Verhältnis nichts geändert. Anfangs hatten sie das Kontaktverbot zu umgehen versucht und miteinander telefoniert, sich sogar einmal in Leipzig getroffen. Als die Staatssicherheit meiner Mutter danach Fotos von dem Treffen präsentierte, gaben sie es auf.

Nun wurden wir wie früher mit offenen Armen aufgenommen. Meine Oma besuchte uns gern, und man merkte ihr an, wie glücklich sie darüber war, wieder mit uns zusammenzusein. Trotz ihres hohen Alters besaß sie noch immer viel Energie und einen wunderbaren Humor. Bei Familienfeiern, bei denen sie auch schon mal ein oder zwei Gläschen über den Durst trank, war sie regelmäßig eine der letzten, die zu Bett gingen, und früh am Morgen die allererste, die aufstand, um das Chaos vom Vorabend zu beseitigen.

Ich konnte es nie verstehen, daß mein Vater, an dem meine Oma mit großer Liebe hing, nur selten Zeit für einen Besuch bei seiner Mutter fand. Als es mit ihr dem Ende zu ging, war es ihr letzter Wunsch, ihren Sohn noch einmal zu sehen und in ihre Arme zu schließen, aber mein Vater hatte wieder einmal wichtige geschäftliche Dinge zu erledigen, so daß ihr dieser Wunsch versagt blieb. Dabei hat auch er sie, wie ich weiß, sehr geliebt. Ich glaube, daß ihm erst nach ihrem Tod wirklich bewußt geworden ist, daß er etwas ganz Wesentliches unwiderruflich versäumt hat.

Auf ihrer Beerdigung sah ich meinen Vater das erste Mal weinen. Wir saßen in der Kapelle, um die Totenrede zu hören. Mein Bruder saß neben ihm und hielt die ganze Zeit über seine Hand, und immer wenn ich einen Blick zu meinem Vater warf, sah ich, daß ihm die Tränen ohne Unterlaß über das Gesicht liefen. Er tat mir plötzlich unendlich leid. Ich konnte seinen Schmerz beinahe körperlich spüren und war wie betäubt. Nach der Beerdigung bat mein Vater meinen Bruder darum, ihn auf einem Spaziergang zu begleiten. Einerseits wünschte ich mir, an der Stelle meines Bruders sein zu dürfen, und andererseits war ich froh darüber, es nicht zu sein. Ich hätte Angst davor gehabt, nicht die richtigen Worte zu finden, ihm in meiner eigenen Hilflosigkeit nicht den nötigen Trost spenden zu können. Hinterher erfuhr ich, daß sie die meiste Zeit schweigend nebeneinanderher gegangen sind. Doch selbst beim Schweigen hätte ich Angst gehabt zu versagen.

Die andere Begebenheit trug sich an meinem 30. Geburtstag zu. Meine Großeltern waren aus Ungarn angereist, um an diesem Ereignis teilzunehmen, aber am meisten freute ich mich darüber, daß mein Vater mir meinen Wunsch erfüllt hatte und gekommen war. Wir feierten auf dem Wochenendgrundstück des Freundes meiner Mutter, den sie schon seit einigen Jahren kannte, ein hilfsbereiter, angenehmer und starker Mensch, der meiner Mutter den nötigen Halt zu geben vermag.

Trotz der lustigen und ausgelassenen Stimmung hätte ich gern einige Minuten allein mit meinem Vater verbracht, hatte aber nicht den Mut, ihn darauf anzusprechen. Die Idee, einen kleinen Spaziergang ohne die anderen zu unternehmen, kam überraschend von ihm. Bereits nach den ersten Schritten brach mein Vater unerwartet in Tränen aus, und wie schon bei der Beerdigung seiner Mutter fühlte ich mich völlig hilflos. Er sagte, daß ihm zum ersten Mal wirklich bewußt geworden sei, daß er Kinder habe und darüber unglaublich glücklich sei. Diese Offenbarung rief in mir zwiespältige Gefühle hervor. Einerseits war ich froh darüber, daß er so empfand, und gleichzeitig verletzte mich die Vorstellung, daß es ihm vielleicht tatsächlich erst jetzt, nachdem wir schon über mehrere Jahre wieder Kontakt zueinander hatten, bewußt zu werden schien.

Mein Vater drückte mich immer wieder ganz fest an sich, die Tränen liefen ihm nach wie vor über das Gesicht, und in seinen Augen sah ich so viel Gefühl, daß es mich erschreckte. Seine einzigen Liebesbekundungen mir gegenüber hatten sich stets darin geäußert, daß er mich plötzlich fest umarmte, um mich gleich darauf wieder loszulassen. Dieser Ausbruch nun überraschte und verunsicherte mich. Ich hätte ihn so gern spüren lassen, wie wichtig er für mich war und wie lieb ich ihn hatte, aber etwas in mir sträubte sich dagegen, es fiel mir schwer, ihm zu glauben. So blieb mir nur, ihn meinerseits zu drücken und zu hoffen, daß er meine Unsicherheit nicht bemerkte. Nichts sollte die Einmaligkeit dieses Augenblickes zerstören.

Nicole Glocke

Die ganze Nacht dachte ich
an diesen einen Satz

Das Jahr 2002 begann für mich mit einer schlimmen Grippe und strengster Bettruhe. In den letzten Monaten hatten mich häufiger regelrechte Killerviren überfallen, und ich verbrachte meine Freizeit mittlerweile im Wartezimmer meines Arztes. Meine Gesundheit war nicht mehr so stabil wie früher.

Die Bettruhe nutzte ich, um mir Gedanken über meine berufliche Zukunft zu machen. Mein Job war bis Ende des Jahres befristet, und eine Verlängerung kam für mich nicht in Frage, weil ich mich auf neue Aufgaben konzentrieren wollte. Deshalb überlegte ich, ob ich nicht für einige Monate im Ausland leben sollte. Mich reizte es, mich in einer völlig anderen und fremden Umgebung zu behaupten. Bisher hatte sich nie ein Auslandsaufenthalt ergeben. Zwei Städte standen zur Auswahl: Rom und Budapest. Rom war für mich eindeutig die schönere und geschichtlich interessantere Stadt. Auch die Sprache lag mir näher. Der Nachteil war, daß ich in Rom niemanden kannte. In Budapest hingegen hatte ich Verbindungen zu jemandem, der dort im Büro der Friedrich-Ebert-Stiftung arbeitete. Vor einigen Monaten hatte ich ihn mit einer Freundin besucht. Budapest wirkte auf mich provinziell und geheimnisvoll zugleich. Die alten dunklen Fassaden der Häuser und die Cafés mit ihrem nostalgischen Interieur erinnerten mich sehr an die zwanziger Jahre. Die Gelassenheit der Stadt hatte mir gut getan. Zugleich vermittelte die Atmosphäre der Stadt auch etwas Zerrissenes, Melancholisches, das mir nicht so gut tat, mich aber umso stärker anzog. Trotzdem gefiel mir

Rom eigentlich noch besser. Ich konnte mich nicht entscheiden. Ich nahm eine Münze und warf. Wenn die Zahl oben lag, dann würde ich Rom wählen. Die Zahl lag nicht oben. Also Budapest. Mir kam die Idee, mich bei einer deutschsprachigen Zeitung in Budapest zu bewerben. Die Redaktion zeigte sich interessiert, und ich plante, mich im Sommer dort vorzustellen.

Nachdem ich wieder einigermaßen gesund war, schlichen die Wintertage vor sich hin. Einer nach dem anderen verging, ohne daß sich etwas Interessantes ereignete. Ich begann, mich ein wenig über die Zeitschrift zu ärgern, die meinen Stiller-Artikel veröffentlichen wollte. Es war bereits Anfang März, und noch immer war die Ausgabe nicht erschienen. Es gab Probleme mit dem Verlag. Ich rief daher die Redaktion an und wollte wissen, wie der Sachstand war. Die Mitarbeiterin konnte mir nichts Genaues sagen. Aber sie meinte, daß ich nächsten Samstag doch sicherlich an der Konferenz im Französischen Dom teilnehmen würde. Das Thema der Konferenz sei die Arbeit der Geheimdienste während des Kalten Krieges. Werner Stiller sei als Referent eingeladen worden und werde einen Vortrag über den Nutzen der DDR-Spionage halten. Ich hätte mich doch sicher bereits angemeldet. Nein, antwortete ich konsterniert, von der Konferenz hätte ich nichts gewußt.

Ich beendete das Telefongespräch und schaute reglos aus dem Fenster. Wieder einmal wurde ich durch einen Zufall aus der Gegenwart herausgerissen und in die Vergangenheit hineinkatapultiert. Ich war unschlüssig, ob ich hingehen sollte oder nicht. Eine Begegnung mit Stiller hatte für mich keinen Sinn mehr, weil ich ihn aufgrund der Akten hinreichend kennengelernt hatte. Hinzu kam, daß ich seit Monaten mit dieser Thematik abgeschlossen hatte. Was sollte ein Treffen noch bewirken?

Weil nicht viel im Büro zu tun war, ging ich spazieren. Ich lief zum Bahnhof Friedrichstraße und stellte mich wie so oft an das Geländer und dachte nach. Meine Zweifel schienen mir plötzlich lächerlich zu sein. Natürlich würde ich zu dieser Konferenz gehen, damit sich der Kreis endlich schloß. Heute war Dienstag. Mir blieben also bis Samstag noch einige Tage, um mich innerlich vorzubereiten. Die Frage war nur, wie ich während der Konferenz am besten an Stiller herankommen könnte.

Ich kehrte ins Büro zurück, schrieb Bernhard Prochomuth eine E-Mail und fragte ihn, ob er auch an der Tagung teilnehme. Danach beschloß ich, die Konferenzleiterin Ulrike Poppe anzurufen und sie zu bitten, mich Stiller vorzustellen. Ich war mir nicht sicher, ob ich ihr die wahren Gründe meines Interesses mitteilen sollte. Aufgrund meiner bisherigen Erfahrungen befürchtete ich, daß sie mich als Sicherheitsrisiko sehen und mich abweisen könnte. Daher beschloß ich, ihr nur von meinem Artikel zu berichten, den ich Stiller gern persönlich übergeben würde. Ich schloß die Augen, ergriff den Hörer, öffnete meine Augen wieder und wählte die Telefonnummer. Ohne Schwierigkeiten wurde ich mit Ulrike Poppe verbunden. Ich erzählte ihr, ich hätte ein Porträt über Stiller geschrieben, und bat sie, es zu arrangieren, daß ich ihm meinen Artikel in einer abgeschirmten Ecke oder in einem Raum überreichen konnte. Sie versicherte mir, daß mein Anliegen kein Problem sei. Ihre Stimme klang nett. Daher nahm ich all meinen Mut zusammen und beschloß, ihr die wahren Motive für meinen Wunsch nach einer Begegnung mit Stiller zu nennen. Sie fand meinen biographischen Hintergrund sehr interessant und schlug vor, schon um die Mittagszeit zu kommen und mich bei ihr zu melden. Stiller werde zwar erst um halb fünf seinen Vortrag halten, aber er habe ihr mitgeteilt, daß er eventuell früher komme. Sie würde für uns auf jeden Fall einen Raum besorgen. Wir einigten uns darauf, ihn über meine Anwesenheit nicht in Kenntnis zu setzen.

Ich konnte es weder glauben noch fassen: Eine Frau, die mich noch nie gesehen hatte und mich nicht kannte, erfüllte ohne weiteres meinen so lange gehegten Wunsch. Auf wie viele Treffen hatte ich all meine Hoffnungen gesetzt, und alle waren erfolglos geblieben: das Gespräch mit Karl Wilhelm Fricke, das Treffen mit Bernhard Prochomuth und schließlich die Begegnungen mit den beiden BND-Mitarbeitern.

Am nächsten Tag erhielt ich von Bernhard Prochomuth eine Antwort. Zunächst bat er mich, ihm den Artikel zuzusenden, und versprach mir, ebenfalls zu kommen und mich Stiller selbstverständlich vorzustellen. Also der zweite, der mich mit Stiller bekanntmachen wollte. Jetzt konnte wirklich nichts mehr schiefgehen. Ich überlegte, worüber ich mich mit Stiller unterhalten, wie ich ihn anreden und was ich ihn überhaupt fragen sollte. Eigentlich hatte ich ihm nichts zu sagen. Doch, nach seiner Tochter wollte ich ihn in jedem Fall fragen, und nach seinen ehemaligen Kollegen, die mit meinem Vater zusammengearbeitet hatten. Ich mußte mir unbedingt meine Fragen aufschreiben. Und vor allem: Wie würde er auf mich reagieren? Und was sollte ich anziehen? Am besten etwas Rotes, diese Farbe fiel nach meiner Erfahrung Männern besonders stark ins Auge.

Die nächsten Tage erlebte ich in großer Aufregung und Anspannung. Es fiel mir schwer, mich auf irgend etwas zu konzentrieren. Zu Hause schrieb ich auf einem Blatt Papier meine Fragen auf. Ich konnte mir jedoch immer noch nicht vorstellen, daß ich die Möglichkeit haben würde, diese Fragen Stiller persönlich zu stellen.

Die Nacht zum Samstag schlief ich gut und stand ausgeruht auf. Mein Herz klopfte stark, aber ich versuchte, meine Aufregung zurückzudrängen. Wie jeden Tag fuhr ich auch an diesem Vormittag mit der S-Bahn zum Bahnhof Friedrichstraße, stieg aber diesmal in die U-Bahn um, die zum Gendarmenmarkt fuhr. Ich durchquerte das Innere des Bahnhofs und ging die Treppe hinunter zur U-Bahnstation und sah, wie die U-Bahn Richtung Tegel einfuhr. Das war nicht meine Richtung, aber an jenem 18. Januar 1979 die von Stiller gewesen. In seinem Buch hatte er geschrieben, daß er in das erste Abteil eingestiegen war, unmittelbar hinter den Fahrerstand, um im

Falle der Entdeckung den Zugführer mit der Pistole zu zwingen, ein mögliches Haltesignal zu überfahren. Nach der Einfahrt in die erste westliche U-Bahnstation Reinickendorfer Straße hatte ihn vor allem der Gedanke beherrscht, daß er es geschafft hatte, allein auf sich gestellt den »Riesenapparat mit seinem ausgefeilten Absicherungssystem« zu schlagen. Daß er »nun ein für alle Male in eine andere Welt übergewechselt, daß ein Leben beendet war und ein neues bereits begonnen hatte«, so schrieb er, hatte in seinem Bewußtsein noch gar keine Rolle gespielt, noch nicht. Nicht nur sein Leben hatte sich geändert, dachte ich. In diesem Moment hat er so viele andere berührt ... Meine U-Bahn, die in die andere Richtung fuhr, rollte herein. Mit Herzklopfen stieg ich ein.

Als ich aus der U-Bahn ausstieg und die Treppen zum Französischen Dom hinaufging, raste mein Herz so sehr, daß ich befürchtete, es gar nicht zu schaffen und es besser wäre, umzukehren. Aber ich riß mich zusammen und meldete mich ordnungsgemäß bei Ulrike Poppe. Stiller war noch nicht da. Das hatte ich auch nicht anders erwartet. Nach meinen Quellenrecherchen erschien er mir derart selbstzentriert zu sein, daß ihn sicher nur sein eigener Vortrag interessierte. Ich suchte mir im Dom einen freien Platz und versuchte, mich auf die einzelnen Referenten zu konzentrieren. Wegen meiner Aufregung konnte ich den Vorträgen nur teilweise folgen. Aber die Bruchstücke, die ich mitbekam, stimmten sehr nachdenklich. So wurde unter anderem der Prozeß gegen Werner Teske, der mit dem Todesurteil endete, per Tonband wiedergegeben. Die Atmosphäre in der Kirche war entsprechend drückend. Mir wurde heiß, und ich ging nach draußen auf die Vortreppe, um frische Luft zu schnappen. Als ich den Dom wieder betrat und die ausliegenden Bücher betrachtete, erblickte ich Bernhard Prochomuth. Ich war heilfroh, ihn zu sehen. Endlich war ich nicht mehr allein. Er nahm mich unter seine Fittiche und beruhigte mich etwas. Ich versuchte noch einmal zu erfahren, welchen Beruf er ausübte, aber er machte daraus weiterhin ein

Geheimnis. Während des Imbisses in einem der Räume unterhalb des Doms nutzte ich die Gelegenheit, mir das Publikum näher anzuschauen. Ich kannte niemanden. Vorwiegend ältere Besucher waren gekommen. Ich fragte mich, woher sie stammten. Mir schien es, daß die meisten Leute ehemalige DDR-Bürger waren und ich zu den wenigen Westdeutschen gehörte. Nach dem Mittagsimbiß ging ich zusammen mit Prochomuth wieder in den Dom zurück, und wir setzten uns auf die Plätze in eine der vorderen Reihen. Ich schaute auf die Uhr. Es wurde drei, es wurde vier Uhr. Stiller kam nicht. Ich sah meine beiden Freundinnen Sabine und Elena den Dom betreten. Ich konnte sie nicht begrüßen, sie waren zu weit entfernt, aber ich freute mich über ihr Kommen. Ihre Anwesenheit gab mir etwas Sicherheit.

Kurz vor halb fünf betrat Stiller den Dom. Prochomuth stieß mich an, und ich schaute zum Eingang. Stiller trug einen blauen Anzug und wirkte ohne Schnauzer jünger, als es seinem tatsächlichen Alter entsprach. Ich fand ihn attraktiv. Ob es an meiner Aufregung lag, weiß ich nicht, aber wäre ich ihm am Vormittag in der U-Bahn begegnet, hätte ich ihn nicht erkannt. Als zweites dachte ich, daß er in seinem blauen Anzug Prochomuth ähnelte, was ich diesem auch sagte. Ich hatte den Eindruck, daß er sich geschmeichelt fühlte.

Ulrike Poppe, die in ihrer Funktion als Moderatorin auf dem Podium saß, begrüßte Stiller und bat ihn, auf der Bühne Platz zu nehmen. Ich beobachtete Stiller, wie er zum Podium ging, sich setzte und zu sprechen begann. Er berichtete hauptsächlich über den leichten Zugang der Westagenten zu den Informationen aus dem politischen Bereich. Bundestag und Ministerialbürokratie seien sehr offen, und die Klatsch- und Tratschsucht in Bonn sehr groß gewesen. Nur der militärische Bereich habe sich abgeschirmt, so daß von dort die Informationen an die HVA spärlicher geflossen seien. Stiller gab – wie in seinen früheren Interviews auch – zu, daß ihm die Geheimdienstarbeit Spaß gemacht habe.

Seine Körpersprache hatte sich nicht geändert. Er faßte sich häufig an seine Ohren, Augen und Nase und wirkte, wie in dem Film, unsicher. Und wieder hatte ich den Eindruck, daß seine Stimme nicht zu seiner äußeren Erscheinung eines – auf den ersten Blick – seriösen, vertrauenerweckenden Mannes paßte. Sie war leise, etwas näselnd und dennoch von schneidender Schärfe, die auf mich wie eine Warnung wirkte. Er versuchte, seine Unsicherheit durch flotte Sprüche zu überdekken. Das für ihn Fatale dabei war, daß er dadurch unvorbereitet schien.

Das also war Werner Stiller, den ich so gern hatte kennenlernen wollen. Mit meinem Traum-Stiller hatte er nicht das geringste zu tun. Dennoch spürte ich zu meinem Erschrecken, daß ich trotz meiner Auseinandersetzung mit ihm die Umwandlung des Phantoms in den Menschen aus Fleisch und Blut noch nicht völlig vollzogen hatte. Dazu war mir der Mensch Stiller noch zu fern.

Als er seinen Vortrag beendet hatte, ermunterte mich Prochomuth, eine Frage zu stellen. Mir fiel keine ein. Außerdem fühlte ich mich wie gelähmt. Das Publikum reagierte zum Teil kritisch auf sein Referat. Andere hingegen waren beeindruckt. Die Wahrnehmung des Publikums erinnerte mich an die Haltung des BND-Mitarbeiters Göde gegenüber Stiller: Einerseits fasziniert, andererseits abgestoßen. Mir fiel auf, daß Stiller auf die Anmerkungen der Leute überhaupt nicht einging, vielleicht auch nicht eingehen konnte, weil ihm nach meinen bisher von ihm gewonnenen Eindrücken die Gabe des Einfühlungsvermögens fehlte. Sein Verhalten hier schien diese Annahme zu bestätigen. Eine junge Frau aus dem Publikum kritisierte die lockere Art und Weise seines Vortragsstils. Sie finde es unmöglich und unglaublich, daß erwachsene Männer sich derartige Cowboyspiele geliefert hätten. Daher sei es gut, daß er – dies hatte Stiller dem Publikum in aller Offenheit erzählt – eine Psychologin als Lebensgefährtin habe. Stiller sagte dazu nichts und wandte sich dem nächsten Frager zu. Ich konnte die

Kritik der jungen Frau verstehen. Die vor Stillers Vortrag abgespielten Tonprotokolle von Angeklagten, die der Westspionage verdächtigt und auch hingerichtet worden waren, hatten bei allen Erschütterung hervorgerufen.

Und dann geschah etwas, was nicht mit mir abgesprochen war und was ich nie gewollt hätte. Ulrike Poppe fragte Stiller, ob er jemals an die Familien der von ihm enttarnten Westagenten gedacht habe und wie er reagieren würde, wenn eine junge Frau ihm gegenüberstehen und ihm sagen würde: Sie haben meinen Vater ins Gefängnis gebracht.

Was sagte sie da, schoß es mir durch den Kopf. Das ging doch nicht, und außerdem machte ich ihm weiter keinen Vorwurf. Ich war so aufgeregt, daß ich seine Antwort gar nicht richtig mitbekam. Ich glaube, er sagte, daß es ihm leid für diese Frau tue, aber jeder sei für sich selbst verantwortlich, und wir lebten schließlich in einem Rechtsstaat. Seine Familie habe es ebenfalls nicht leicht gehabt und unter den Folgen seines Übertrittes gelitten.

Dazu wollte ich Stellung nehmen. Ich meldete mich, und Ulrike Poppe gab mir das Wort. Ich stand auf und ging nach vorn zum Mikrofon. Ich merkte, wie mich die Leute anschauten, und ich fühlte mich sehr unsicher. Hinzu kam, daß ich es nicht gewohnt war, in ein Mikrofon zu sprechen. Stiller wandte sich mir zu, und unsere Blicke trafen sich. In diesem Augenblick sah ich mich wieder als Kind in der Küche sitzen, hörte das Schellen der Polizeibeamten und sah, wie sie hereinkamen, den Grund ihres Kommens angaben und die Wohnung durchsuchten, während ich abseits ihr Suchen beobachtete und in mir einen Bruch spürte, die Erkenntnis, daß die Unbeschwertheit und Sorglosigkeit für immer dahin waren. Diese Bilder brachen wieder mit einer großen Intensität über mich herein, aber ich schob sie mit aller Gewalt beiseite und begann angespannt zu sprechen. Ich stellte mich vor und sagte, daß ich den Namen Stiller seit frühester Kindheit kennte, weil mein Vater durch ihn enttarnt worden sei, ich ihm aber keine

Schuld gäbe, weil mein Vater zu Recht verurteilt worden sei. Er möge dessen ungeachtet nicht in so einem Hoppla-jetzt-komm-ich-Ton darüber sprechen, weil seine Spionagetätigkeit und sein Übertritt sehr viel Leid, besonders für die betroffenen Familien verursacht habe. Ich würde mich darüber freuen, wenn er ein paar Minuten Zeit für mich hätte, weil ich ihm gern etwas übergeben würde. Danach setzte ich mich wieder auf meinen Platz. Stillers Antwort bekam ich wegen meiner Aufregung wieder nicht vollständig mit, er erwähnte nochmals seine eigene Familie, und den Rest verstand ich nicht mehr. Danach kündigte Ulrike Poppe eine Pause an.

Ich verließ meinen Platz und wurde von Journalisten weggedrängt, die sich auf Stiller geradezu stürzten. Einer von ihnen fauchte mich an, ihm nicht den Weg zu verstellen. Stiller kam, umringt von Journalisten, auf mich zu und fragte, ob mein Vater auch hier sei, was ich verneinte. Er sagte, er komme gleich wieder, um mit mir einen anderen Raum aufzusuchen. Eine Mitarbeiterin von Ulrike Poppe, die uns in das dem Dom gegenüberliegende Gebäude bringen sollte, wartete mit mir. Ich war froh, daß sie bei mir stand. Sie schaute mich mitfühlend an, während ich Stiller beobachtete. Er schien es offensichtlich zu genießen, sich im Mittelpunkt des medialen Interesses zu befinden, und verteilte großzügig seine Handynummer. Ich konnte es wieder einmal nicht glauben. Der BND inszenierte ein Staatsgeheimnis um seine Adresse und Telefonnummer, und Stiller selbst gab völlig fremden Menschen freimütig darüber Auskunft, wie er zu erreichen war. Der Rummel um ihn schien kein Ende zu nehmen.

Ich wartete und wartete. Schließlich bat ich die Mitarbeiterin, Stiller zu sagen, daß der Raum nur noch eine halbe Stunde frei sei, damit er mit den Journalisten zum Schluß komme. Das tat sie auch. Nach weiteren schier endlosen fünf Minuten kam er endlich zu uns. Wir überquerten die Straße, betraten das andere Gebäude und fuhren zu dritt mit dem Aufzug in eines der oberen Stockwerke. Im Fahrstuhl, nur wenige Zentimeter von ihm entfernt, betrachtete ich ihn verstohlen. Er war nur wenig größer als ich. Ich schätzte ihn auf 1,75 Meter. Er war jetzt wesentlich lockerer und sicherer als auf dem Podium. Er gehörte allem Anschein nach zu den Menschen, die Schwierigkeiten haben, sich der Öffentlichkeit zu präsentieren. Stiller unterhielt sich mit der Mitarbeiterin über seine Jerusalemreise. Ich trug nichts zur Unterhaltung bei. Wir traten aus dem Fahrstuhl heraus und gingen durch einen dunklen Flur zu einem der Räume. Das Mädchen schloß ihn auf, stellte eine Wasserflasche und zwei Gläser auf den Tisch und ließ uns allein.

Da saß ich nun mit ihm, mit dem Mann, über den ich so viel nachgedacht und den ich so lange gesucht hatte. Der Mann, der gleich einer Schattengestalt die ganzen Jahre weit entfernt von mir gewesen war, aber in mein Leben und in das meiner Familie radikal eingegriffen und unseren weiteren Lebensweg mit beeinflußt hatte. Meine Hand zitterte so stark, daß ich kaum in der Lage war, Wasser in mein Glas zu gießen. Er schien es nicht zu bemerken. Ich fühlte mich sehr befangen und sagte ihm das auch. Er meinte, daß es ihm genauso gehe. Das hätte ich nie gedacht, daß Stiller sich bei mir befangen fühlen könnte. Ein Mensch, der unter Lebensgefahr sein Land verlassen hatte, stellte sich für mich als jemand dar, dem solche Empfindungen fremd waren. Zugleich spürte ich aber, daß uns eine besondere Nähe und Vertrautheit verband. Warum dies so war und woher dies kam, vermochte ich nicht zu erklären. Es war einfach so. Vielleicht lag es daran, daß ich jemandem gegenübersaß, von dem ich wußte, daß er, im Gegensatz zu den meisten Menschen, denen ich mich nicht zugehörig fühlte, aus meiner Welt kam und auf sie eingewirkt hatte. Ich konnte endlich offen sein und alles erzählen, ohne befürchten zu müssen, auf Unverständnis oder auf Ablehnung zu stoßen.

Deshalb wurde ich etwas ruhiger und gab ihm meinen Artikel. Er wollte ihn sofort lesen. Ich bat ihn, dies nach dem Gespräch zu tun. Es war, wie ich es damals geträumt hatte: Ich fühlte mich wegen des Artikels befangen, weil ich nicht gerade schmeichelhaft über ihn geschrieben hatte. Und unglücklicherweise fiel sein Blick auf die einzige ironisch formulierte Aussage bezüglich seiner diversen sexuellen Kontakte zwecks Auflockerung des grauen geheimdienstlichen Alltags. Er warf sofort ein, daß das nicht stimme. Ich bat ihn nochmals, den Artikel später in Ruhe zu lesen und mir anschließend seine Meinung darüber mitzuteilen. Aber er ließ sich nicht davon abbringen und überflog mein Porträt, merkte aber nichts mehr an.

Die Tatsache, daß ich ihm gegenüber im Vorteil war, weil ich 80 Prozent seines Lebens kannte, er mich aber überhaupt nicht, gab mir etwas Sicherheit. Ich begann, ihm meine Fragen zu stellen: Zunächst erkundigte ich mich nach seinen ehemaligen Kollegen, den Herren Vogel, Streubel, Ritter und Thielemann sowie nach dem Westagenten Schafstädt. Ritter, so Stiller, sei ein netter Kerl gewesen, und Schafstädt habe einen auf ihn passenden Decknamen gehabt: »Heinfels«. Seine Vorgesetzten Horst Vogel und Christian Streubel habe er als obrigkeitshörige Karrieristen empfunden. Er kannte tatsächlich auch Lutz Thielemann, der in einem anderen Referat des Sektors Wissenschaft und Technik gearbeitet hatte. Ich fragte ihn, ob auch er Thielemann als äußerst attraktiven Mann empfunden habe. Meine Mutter – ohne zu wissen, für wen er arbeitete –, hatte ihn damals außergewöhnlich gutaussehend gefunden. Meine Eltern hatten Anfang der siebziger Jahre Urlaub in Bulgarien gemacht, den mein Vater dazu genutzt hatte, sich unter anderem mit Thielemann zu treffen. Selbst mein Vater meinte, daß Thielemann eigentlich als Romeo hätte eingesetzt werden müssen. Stiller ging darauf nicht ein. Ich hatte den Eindruck, daß meine Worte ihn in seiner Eitelkeit getroffen hatten.

Meine Fragen beantwortete er generell nur kurz und kam immer wieder rasch auf sich selbst zu sprechen. Er berichtete von Helga Michnowski, der Kellnerin aus Oberhof, mit der er seinen Übertritt vorbereitet hatte. Stiller gab zu, sie für seine Zwecke ausgenutzt zu haben. Für mich war das keine Neuigkeit. Ich wurde etwas ungeduldig, weil ich von mir und meiner Familie erzählen wollte. Aber er fuhr unbeirrt fort, von sich zu reden. So wiederholte er, daß er das Risiko liebe und sein Faible für Abenteuer vermutlich in seinem Erbgut liege. Diesen Ausspruch nahm ich zum Anlaß, ihm zu sagen, daß ich sowieso schon alles von ihm kannte und jeden Satz, den er bisher gesagt hatte, entweder bereits gelesen oder in den Filmen gehört hatte, woraufhin er mich irritiert anblickte. Ich wollte einfach seinen Redefluß unterbrechen, damit ich meine Fragen loswerden und etwas von mir erzählen konnte. Es entstand eine Pause, die ich nutzte. Aufgrund der zwischen uns vorhandenen Nähe sagte ich ihm, daß ich einige Male intensiv von ihm geträumt hätte. Er fragte provokativ, ob es etwas Sexuelles gewesen sei. Ich verneinte. Als ich weitersprechen wollte, schnitt er mir das Wort ab und erzählte mir von seinem Traum, der von seiner Rückkehr an seine alte Arbeitsstelle und den damit verbundenen zwiespältigen Gefühlen handelte. Das war charakteristisch für unser Gespräch: Ich fing an, von mir zu erzählen, er unterbrach mich und kam sofort wieder auf sich zu sprechen und konnte mit meinem Traum von seinem Besuch in der Aula meiner Schule, den ich ihm dann irgendwann doch erzählte, überhaupt nichts anfangen.

Er fragte mich nach meinem Vater. Ihn interessierte vor allem, für welche Themenbereiche er von der HVA eingesetzt worden war. Ich erzählte ihm, was ich über ihn wußte. Er schwieg dazu. Er wollte auch nicht wissen, wie es meinem Vater nach seiner Haftentlassung ergangen ist. Ich bat ihn, mir etwas über die einzelnen Referate des Sektors Wissenschaft und Technik zu erzählen. Er nahm ein Stück Papier und zeichnete mir die Abteilungen auf: Die Aufklärungsabteilungen Grundlagenforschung, Elektronik, Optik und EDV, Wehrtechnik und Maschinenbau und schließlich die Abteilung Auswertung und Umsetzung der Spionageergebnisse. Im großen und ganzen war mir das ebenfalls nicht neu, aber es war dennoch aufschlußreich und irgendwie authentischer, die einzelnen Referate von Stiller selbst noch einmal erklärt zu bekommen, selbst wenn er dabei bisweilen etwas ungeduldig und hektisch war. Mein Vater hatte sich diese Mühe nie gemacht.

Schließlich fragte ich nach seiner Tochter. Mit ihr verstehe er sich prima, auch mit seinem Sohn, der Wirtschaftsökonomie studiere. Seine Tochter lebe in Cottbus und arbeite für einen Rechtsanwalt. Stiller berichtete spontan, daß sie keine Beziehung zu einem Mann eingehen könne, weil sie unter Verlassensängsten leide. Das wunderte mich überhaupt nicht. Ich sagte ihm auch gleich meine Meinung dazu. Angesichts seines Übertritts, mit dem er seine Familie von einem Tag auf den anderen verlassen hatte, sei es geradezu logisch, daß seine Tochter solche Ängste habe. Ein derartig einschneidendes Erlebnis könne kein Kind verkraften. Auch dazu sagte er nichts. Ich fragte ihn, ob er einen Kontakt zwischen seiner Tochter und mir vermitteln würde. Im ersten Augenblick zögerte er, versprach mir aber dann, sie zu fragen, ob sie an einer Bekanntschaft mit mir Interesse hätte.

Gegen Ende des Gespräches wollte ich wissen, ob er sich einsam fühle. Das verneinte er. Er habe Freunde, die er schon aus frühester Kindheit kenne und mit denen er trotz der Ereignisse noch heute in Kontakt stehe. Zur Zeit plane er, ein Buch über religiöse Themen zu schreiben. Er beschäftige sich intensiv mit der Bibel, vor allem mit dem Judentum, und glaube fest an ein Weiterleben nach dem Tod. Ich hätte gern mehr darüber erfahren, aber wir konnten unser Gespräch nicht mehr fortsetzen. Es klopfte an der Tür. Die Mitarbeiterin von Ulrike Poppe machte uns darauf aufmerksam, daß wir den Raum jetzt wieder zu verlassen hatten. Wir mußten zum Schluß kommen. Stiller stellte fest, daß bei mir viel Gesprächsbedarf bestehe und ich ihm ruhig alles schreiben könne, und wir tauschten unsere E-Mail-Adressen aus. Ich schaute mir seine Adresse an. Sie endete mit den Kennungsbuchstaben für Ungarn. Ich fragte ihn, wo er wohne. Seine

Antwort, daß er in Budapest lebe, überraschte mich. Ich hatte in den Monaten vorher davon gehört, hatte aber angenommen, daß dies eine gezielte Irreführung war, und deswegen nicht nachrecherchiert. Da ich im Zusammenhang mit ihm mittlerweile so viele Zufälle erlebt hatte, nahm ich seine Antwort beiläufig zur Kenntnis und vergaß, ihm zu erzählen, daß ich vorhatte, einige Monate in Budapest zu leben.

Ich rechnete es Stiller hoch an, daß er sich so viel Zeit für mich genommen hatte, und bedankte mich. Weil er zugänglich und freundlich war, bat ich ihn noch, mir zu zeigen, wo genau er am Bahnhof Friedrichstraße übergetreten war. Tatsächlich sagte er zu. Wir verließen das Haus und stiegen in sein Auto. Ulrike Poppe kam auf uns zu und verabschiedete sich von uns. Es hatte angefangen, etwas zu regnen. Am Bahnhof Friedrichstraße stiegen wir aus. Wir gingen zur südlichen Seite des Bahnhofs, und er zeigte mir, wo er damals sein Auto abgestellt hatte. Da der Bahnhof inzwischen komplett umgebaut ist, konnte er mir nur ungefähr die Stelle zeigen, wo sich die Tür befunden hatte, durch die er in den Westen gegangen war: etwa auf der Höhe, wo heute der Supermarkt Edeka ist. Es überfiel mich ein seltsames Gefühl: Fast jeden Tag fuhr ich daran vorbei und kaufte bei Edeka ein. Stiller erzählte mir weiterhin, daß er sich erschossen hätte, wenn er gefaßt worden wäre.

Wir gingen zurück zum Auto. Stiller bot mir an, mich noch ein Stück in meine Richtung mitzunehmen. Er wollte nicht, daß ich allein durch eine dunkle Gegend ging, konnte mich aber auch nicht nach Hause fahren. Er hatte Hunger und wollte Eisbein essen. Hinzu kam, daß seine Freundin im Hotel auf ihn wartete und er am nächsten Tage wieder nach Hause fahren wollte. Stiller war sehr hektisch. Beim Wenden am Bahnhof Friedrichstraße hätte er beinahe ein Auto gerammt. Das wäre wirklich eine groteske Situation gewesen, ausgerechnet dort einen Unfall zu bauen und der Polizei unsere Personalien angeben zu müssen.

Während der Fahrt stellte Stiller ausdrücklich heraus, daß er, wäre er noch einmal in derselben Situation, genauso handeln und meinen Vater enttarnen würde. Ich wiederholte, daß ich ihm daraus keinen Vorwurf machte. Ich kritisierte ihn hingegen – genauso wie meinen Vater – dafür, daß er überhaupt angefangen hatte, beim MfS zu arbeiten. Er erwiderte darauf nichts. Abschließend sagte Stiller etwas, das er nicht hätte sagen müssen und das ich weder von meinem eigenen Vater noch von sonst einem Mann jemals gehört hatte. Er sagte: »Ich fühle mich zum Teil für Sie verantwortlich.« Mit diesem Satz im Kopf bin ich in der Nähe des Kurfürstendamm aus seinem Auto gestiegen und nach Hause gelaufen. Die ganze Nacht konnte ich nicht schlafen und dachte an diesen einen Satz.

Wie würde es jetzt weitergehen? Die Antwort kam zwei Tage später per Mail. Sie bestand aus zwei Sätzen:

»Hat mich nachdenklich gemacht, von Ihrem Schicksal zu hören. Melde mich, sobald der Zeitdruck nachläßt. Bis bald, Ihr P. F.«

Während der ersten Tage nach der Begegnung trug ich Werner Stiller zu Grabe. Er war tot für mich. Auch der Bahnhof Friedrichstraße und die frühere konspirative Wohnung gegen-über übten keine Wirkung mehr auf mich aus. Statt dessen gab es jetzt Peter Fischer, der nun seinerseits begann, sich mit mir auseinanderzusetzen. Er sprach mir seine Anerkennung für meinen Artikel aus und meinte, daß ich die Sache richtig beurteilt hätte. Ich bekam das Gefühl, daß er mich als einen Spiegel seiner Vergangenheit wahrnahm, die er mir in den folgenden Wochen ausführlich aus seiner Perspektive darstellte. Ich hingegen hatte endlich die Gelegenheit, ihm alles mitzuteilen, was mich beschäftigte. Wir kommunizierten hauptsächlich per E-Mail, telefonierten aber auch regelmäßig.

Daran konnte auch mein Vater nichts ändern, der von der Konferenz und der Anwesenheit Stillers erfahren hatte. Er fragte mich, ob ich mit Stiller geredet und seinen Namen erwähnt hätte. Ich antwortete nicht, und er warf mir vor, keine Ehre zu haben. Wie könnte ich mich nur mit einem Verräter an einen Tisch setzen. Stiller sollte froh sein, nicht im alten Ägypten zu leben, denn dort hätte die Hinrichtung von Verrätern damit begonnen, ihnen die Augen auszustechen.

Ich sagte daraufhin nichts. Seine Erregung verstand ich, aber mir war seine Meinung völlig egal. Der Kontakt zu Peter tat mir gut und stellte mein inneres Gleichgewicht wieder her. Das wahre Ausmaß unseres Kontaktes verschwieg ich meinem Vater. In den nächsten Wochen träumte ich einige Male, daß die beiden sich zufällig begegneten, und ich hatte in diesen Träumen große Angst, daß mein Vater Stiller umbringen würde, und versuchte immer angsterfüllt, Stiller zu warnen und ihn aus der Reichweite meines Vaters zu bringen.

In den ersten E-Mails schilderte mir Peter – er hatte mir angeboten, ihn künftig so zu nennen – detailliert seine Kindheit und Jugend und beschrieb mir seine Herkunftsfamilie. Als Jugendlicher war er ein begeisterter Anhänger der sozialistischen Ideologie. Er gab zu, daß nur wenige so begeisterte Zuschauer von Revolutionsfilmen und Leser entsprechender Bücher waren wie er und er ohne jegliche Gewissensbisse jeden Abweichler denunziert hätte. Durch die Aufdeckung der Verbrechen Stalins, die Schüsse auf Unschuldige an der Mauer, die Gespräche mit einem kritischen Lehrgesellen während seiner Schlosserausbildung und den Alltag in der DDR begann er, die Diskrepanz zwischen dem kommunistischen Anspruch und der Realität zu erkennen. Nach außen hin trat er nach wie vor fest überzeugt auf. Zu einem offenen, weil auch sinnlosen Widerstand war er nicht geboren. Eine Flucht in den Westen kam ebenfalls nicht in Frage, weil er zu sehr an seiner Mutter und an seinen Schwestern hing. Er gab weiterhin freimütig zu, aus Karrieregründen in die SED eingetreten zu sein. An der Geheimdienstarbeit hatte er viel Spaß. Die Macht und der materielle Standard korrumpierten ihn, die starren Hierarchien und der ideologische Zwang hingegen gingen ihm auf die Nerven. Das war mir nicht neu. In meinem Artikel hatte ich genau dies geschrieben.

Überhaupt brachten seine Erwiderungen und Berichte, abgesehen von einigen Details, für mich kaum neue Aspekte. Schließlich hatte ich mich lange genug mit ihm und seinen Motiven befaßt. Umgekehrt gab er sich Mühe, auf mich einzugehen. Er vermittelte mir auch weiterhin den Eindruck, mit ihm über alles reden zu können. Was wir auch taten, und wir sparten kein Thema aus. Er akzeptierte sogar meinen Wunsch, ihm meine Heimatstadt und meine Kinder- und Jugendstätten zu zeigen, und verstand es auch, daß ich einige meiner Probleme und Wünsche auf ihn projiziert hatte. Doch sein Bemühen, mich zu verstehen, bewegte sich im Rahmen seiner begrenzten Möglichkeiten. Mit vielen Dingen, die ich ihm schrieb – etwa meine Eindrücke während der Gespräche mit den beiden BND-Mitarbeitern –, konnte er nichts oder kaum etwas anfangen und ging entsprechend wenig darauf ein. Er hatte auch nicht die Geduld, komplexere Sachverhalte, wie zum Beispiel die Probleme in seiner eigenen Familie, gründlich zu beleuchten und zu analysieren, sondern drängte diese Fragen weg, um sich mit anderen, weniger schwierigen zu befassen.

Meinem Vater gegenüber nahm er eine neutrale Position ein. Wenn er in gutem Glauben an eine gute Sache spioniert habe, so Peter, würde er ihn nicht verurteilen. Mein Vater war nach seiner Ansicht damals einfach nur blind, um zu sehen, und jetzt zu verbohrt, um zu sehen.

Er kam noch einmal auf die Konferenz und auf die Frage von Ulrike Poppe zurück, ob er an die Familien der von ihm enttarnten Agenten gedacht habe. Das habe er getan, beteuerte Peter, ähnlich einem Polizisten, der sicherlich auch die Familie des gefaßten Verbrechers bedauerte. Aber, führte er weiter aus, nicht der Polizist, der den Täter ergriff, sei für die Misere von dessen Familie verantwortlich, sondern der Täter. Er fragte mich, ob Kinderschänder nicht bestraft werden sollten, nur weil deren eigene Kinder einen seelischen Knacks bekommen würden. Ich machte ihn darauf aufmerksam, daß er gewiß recht habe, aber nicht vergessen möge, selbst zu den Kinderschändern und nicht zu den Polizisten gehört zu haben. Er nahm meinen Einwand zur Kenntnis, aber kommentierte ihn nicht. Dieses Thema führte uns zum Kernbereich unserer Bekanntschaft: zum Verrat.

In meinem Artikel hatte ich mich darauf beschränkt, den Übertritt Stillers ausschließlich aus der politischen Perspektive zu beurteilen. Den Begriff Verrat und seine moralische und emotionale Dimension ließ ich bewußt weg, weil ich keine befriedigende Antwort darauf gefunden hatte. Den Gedankenaustausch mit Peter nahm ich nun zum Anlaß, erneut über den moralischen Aspekt von Verrat nachzudenken. Zu einem endgültigen Ergebnis bin ich wegen seiner Komplexität allerdings bis heute nicht gekommen, aber immerhin zu einem vorläufigen. Hans Joachim Schädlichs Buch *Vertrauen und Verrat* hat mir dabei sehr geholfen. Darin führt er aus, daß die Wertung dessen, was gemeinhin Verrat genannt wird, eines übergeordneten Maßes bedarf. Dem stimme ich zu. Für mich ist Verrat ausschließlich auf die Beziehung der Akteure untereinander bezogen, also auf die Beziehung zwischen Verrätern und Verratenen. Nur als Nahestehender, als Freund oder Kollege kann jemand zum Verräter und damit zum Feind werden. Die spezifische Verletzung, die der Verrat zufügt, kann kein Außenstehender vollziehen. Der Verräter ist jemand, dem man in tiefer Vertrautheit, Weltanschauung oder Verständigung verbunden ist, der aber heimlich und plötzlich die Loyalität aufkündigt und auf die Gegenseite wechselt. Das hat Judas in der Bibel getan und Stiller fast 2000 Jahre später. Diese Meinung vertrat ich Peter gegenüber ganz offen.

Ich hätte wissen müssen, daß eine sachliche Diskussion darüber mit ihm nicht möglich ist. Das konnte ich in gewisser Weise sogar verstehen. Der Übertritt bildete die Schnittstelle seines Lebens schlechthin, er bedeutete nicht nur die Basis seiner Bekanntheit, sondern auch den Beginn seiner zweiten Existenz und die Grundlage für sein heutiges Leben, so daß er psychisch nicht in der Lage war, eine neutrale Distanz zu seiner Tat, geschweige denn zu sich selbst zu entwickeln. Entsprechend emotional waren seine Antworten, und er konnte nicht mehr zwischen der persönlichen und der sachlichen Ebene unterscheiden. Er fragte mich, wie ich mich verhalten würde, wenn ich als ehrliche Kundin im Supermarkt einen Ladendieb entdeckte. Wenn ich den Dieb anzeigte, so Peter, würde ich Verrat begehen.

Dieses Beispiel ist meines Erachtens falsch. Wenn ich als ehrliche Kundin in einem Laden beobachte, daß jemand etwas stiehlt, dann sehe ich es als meine staatsbürgerliche Pflicht an, diese Straftat anzuzeigen. Ich würde damit helfen, von jemandem, in diesem Falle von dem Ladeninhaber, Schaden abzuwenden. Anders hingegen ist es, wenn ich gemeinsam mit anderen, also in der Eigenschaft als Vertraute, vorhabe, in einem Supermarkt bestimmte Waren zu stehlen. Wir planen unsere Tat und sprechen ab, wer welche Aufgabe beim Stehlen übernehmen soll. Wir betreten den Laden, meine Komplizen beginnen, den Plan auszuführen und die anvisierten Produkte in ihre Taschen zu stecken. Während sie den Diebstahl vollziehen, rufe ich plötzlich laut nach der Polizei oder dem Ladenpersonal und sage: Haltet die Leute dort, sie wollen euch bestehlen. Das ist für mich Verrat, und genau den hat Peter als Stiller begangen.

Ich forderte ihn auf, nicht mehr am Thema vorbeizureden, sondern die Dinge beim Namen zu nennen und den Begriff Verrat einem übergeordneten Maß unterzuordnen und danach seinen Übertritt zu interpretieren. Er verteidigte sich vehement mit dem Argument, daß ich mit meinem Ladendiebstahlbeispiel falsch läge und einer zweifelhaften Ganovenehre huldigte, und ging nicht weiter darauf ein, sondern vollzog einen Gedankensprung. Seiner Auffassung nach sei die DDR ein Unrechtsstaat gewesen, den man nicht verraten, sondern nur bekämpfen konnte. Er betonte, daß er daher von Anfang an keine Loyalität gegenüber seinen Quellen und Kollegen verspürt habe. Und wovon man nicht überzeugt sei, das könne man auch nicht verraten. Im übrigen bestehe für jedermann die Pflicht, Unrecht, auch wenn die eigene Person daran beteiligt sei, zu enttarnen oder zu bekämpfen. Ich erwiderte, auch wenn keine Überzeugung vorhanden gewesen sei, Verrat bleibe es dennoch, weil das Vertrauen anderer Menschen ausgenutzt und gebrochen worden ist. Verrat sei immer auf eine Bindung bezogen, die durch den heimlich vollzogenen Verrat auf eine perfide Art und Weise zerstört werde. Die Motivation ändere nichts am eigentlichen Tatbestand, ganz abgesehen davon, daß der »Unrechtsstaat« für ihn nicht unrecht genug war, um seine Abenteuerlust zu stillen und seinen beruflichen Aufstiegswillen zu befriedigen. Bei ihm sei noch der Ehrgeiz hinzugekommen, möglichst viele Westquellen zu enttarnen. Ich fragte ihn, ob er nicht den einen oder anderen hätte schonen können, diese Quellen seien ohnehin nach seinem Übertritt verbrannt gewesen und wären aus Sicherheitsgründen abgezogen worden. Peter äußerte sich nicht mehr dazu und verweigerte jede weitere Diskussion darüber.

Ich wurde mir zunehmend meiner zwiespältigen Beziehung zu ihm bewußt. Einerseits war es interessant, mit ihm zu diskutieren, andererseits stieß mich gerade sein Übertritt, also sein zentrales Lebensereignis ab. Was Peter als Werner Stiller getan hat, ist für mich eindeutig Verrat, den ich von meinem moralischen Verständnis her ablehne. Der enge Kontakt zwischen mir und ihm hatte nur deshalb zustande kommen und einige Monate halten können, weil ich eine Teilung seiner Person vorgenommen hatte. Ich charakterisierte Peter als einen Verräter, aber ich hielt an ihm fest, weil er mir zuhörte und auf mich einging.

Nach diesem Maßstab betrachte ich auch meinen Vater als einen Verräter. Seine Motivation war im Gegensatz zu der

Stillers jedoch nicht selbstbezogen, sondern entwuchs einer klaren ideologischen Überzeugung. Wenn ich aber, wie ich es bei Stiller getan habe, seine Motivation von seinen Handlungen bei RWE und in der CDU trenne, dann sind seine Taten mit Verrat gleichzusetzen, obwohl er hauptsächlich Vertrauen gebrochen hat. Ich sehe den einzigen Unterschied zwischen Verrat und Vertrauensbruch darin, daß aufgrund eines Vertrauensbruches die betreffende Person einen geringen Schaden zu erleiden hat, während im anderen Falle die Verratenen unmittelbar Strafe zu erwarten haben.

Bei meinem Vater ist gegenüber Stiller allerdings eine zusätzliche Differenzierung notwendig: zwischen dem Verrat auch von Menschen, den Stiller begangen hat, und dem meiner Meinung weniger gravierenden Verrat von Sachverhalten, die von meinem Vater an die HV A weitergeleitet wurden. Vermutlich hat mein Vater, abgesehen von seiner Tätigkeit als Romeo, ausschließlich »sachlichen« Verrat begangen, wobei wiederum zu fragen ist, ob diese Trennung zwischen sachlichem und persönlichem Verrat überhaupt haltbar ist und ob das eine nicht mit dem anderen zwangsläufig zusammenhängt. Auch Stiller hat nicht nur Westagenten enttarnt, sondern Unterlagen überbracht, die erstmals umfassende Einblicke in die Strukturen und Aufgaben des MfS gewährt haben. Von meinem Vater kann ich aufgrund der mangelnden Quellenlage nicht sagen, ob er gezielt Menschen geschadet oder sich darauf beschränkt hat, Dokumente weiterzuleiten. Unabhängig davon hat auch er, wie Stiller, Vertrauensverhältnisse durch Preisgabe von Informationen zerstört, die innerhalb des Unternehmens und der Partei vertraulich bleiben sollten. Sein heimliches Agieren, sein maskiertes Handeln, seine Illoyalität und Uneindeutigkeit weisen meinen Vater klar als Verräter aus, egal, ob er seinen Kollegen und Parteifreunden verbunden gewesen ist oder sie von vornherein als Gegner betrachtet und den Verrat als Waffe in einem unsichtbaren Krieg benutzt hat.

Zu allem hinzu kommt sein Betrug gegenüber der Familie. Er hat uns etwas vorgespielt, was er nicht war. Das ist eine weitere Gemeinsamkeit, die er mit Stiller hat. Mein Vater gab sich als Repräsentant der bürgerlichen Welt der Ordnung, der Familie und der Wohlanständigkeit. Stiller spielte seinem Umfeld die Rolle des linientreuen Kommunisten und verantwortungsbewußten Familienvaters und Ehemannes vor. Mit der heutigen Distanz zu beiden Männern spüre ich, daß sie noch immer ein Bild von sich geben, das nicht der Wirklichkeit entspricht. Nur die Art und Weise, wie sie dies tun, ihre Methoden, sind unterschiedlich. Mein Vater verschweigt seiner unmittelbaren Umgebung seine Biographie. Je nachdem, mit wem er es zu tun hat, stellt er sich als harmloser Rentner, als der Kirche Zugewandter oder als überzeugter Demokrat dar. Er verdeckt damit sein Ich, seine Lebensgeschichte. Bei Stiller ist es umgekehrt: Er verdeckt durch sein lebhaftes und charmantes Temperament zwar auch seinen Charakter, nicht aber seine Lebensgeschichte. Jedem, der sie hören möchte, erzählt er sie. Peter versucht dabei stets, ein klares Bild von sich zu vermitteln, und gibt sich fröhlich und optimistisch. Er scheint vertrauenswürdig und zuverlässig zu sein, ist es aber nicht, genauso wenig, wie es mein Vater ist. Wer das nicht erkennt, wird beide Männer immer verkennen und vermutlich ständig von ihnen enttäuscht werden. Es kommt der Wahrheit wahrscheinlich am nächsten, daß bei beiden der Verrat das Symbol ihrer zeitlebens vorhandenen inneren Zerrissenheit und ihrer bis heute undefinierten Selbstidentität darstellt.

Für mich wurde es Zeit, mir Gedanken über meinen geplanten Auslandsaufenthalt in Budapest zu machen. Ich hatte einige Beiträge für eine deutschsprachige Zeitung in Budapest geschrieben und vereinbarte mit dem Chefredakteur, mich im Juni bei ihm vorzustellen. Peter bot mir an, bei ihm und seiner Freundin zu übernachten. Mir war klar, daß das Vorstellungsgespräch damit total in den Hintergrund geraten und ich mich nicht im mindesten darauf vorbereiten würde. Aber das war mir egal. Ich war sehr neugierig, zu sehen, in welchem Umfeld Peter sich bewegte.

In Budapest empfing mich das schönste Sommerwetter. Mein Bekannter Clemens holte mich vom Flughafen ab und brachte mich zu Peters Wohnung. Sie liegt in Buda, passenderweise unterhalb der Fischerbastei. Sein Name stand erwartungsgemäß an keiner Klingel. Uns blieb nichts anderes übrig, als Peter noch einmal anzurufen, und nachdem auch dieses letzte Hindernis geklärt war, surrte die Tür, und wir fuhren mit dem Aufzug in das oberste Stockwerk. Peter, leger in Boxershorts gekleidet, öffnete die Tür und nahm mir den Koffer ab. Clemens verabschiedete sich.

Die Wohnung war hell und lichtdurchflutet und durch eine Treppe in zwei Etagen geteilt. Von seinem Wohnzimmer und Schlafzimmer aus hatte man einen wunderbaren Blick über die Donau nach Pest und zum Parlamentsgebäude. Die Einrichtung war modern, das Wohnzimmer wirkte durch die gedeckten Farben des Sofas und der Möbel etwas altmodisch, ganz im Gegensatz zu den vielen erotischen Frauenakten an den Wänden. Ich wurde im Arbeitszimmer oben einquartiert.

Peter war – wie ich es in seiner Akte gelesen hatte – lustig, gesellig, fürsorglich, kameradschaftlich und intelligent in seinen Gesprächen. Er und seine Freundin kochten am ersten Abend für mich, und ich fühlte mich wohl. Wir beschlossen, wegen des sonnigen Wetters den Sonntag am Plattensee zu verbringen. Ich freute mich sehr, weil ich noch nie dort gewesen war. Am nächsten Tag packten wir unsere Badesachen und fuhren zu dritt los. Mir fiel auf, daß sich Peter wie mein Vater nicht anschnallte. Beide empfinden die Anschnallpflicht als Beschränkung ihrer Freiheitsrechte und greifen erst zum Gurt, wenn sie einen Polizeiwagen erblicken.

Während der Fahrt redeten Peter und ich fast ununterbrochen. Für seine Freundin, die weder das gesamte Ausmaß seines Übertritts kannte noch genügend Deutsch beherrschte, war dies gewiß nicht einfach. Wir nahmen darauf keine Rücksicht.

Peter erklärte mir dort zum ersten Mal, wie mein Vater enttarnt werden konnte. Das MfS hatte die Decknamen seiner Agenten oft assoziativ gewählt, und der für Glocke lautete »Bronze«. Jemand vom BND hatte damals zu ihm gesagt, daß sie »den Glocke ohne diesen Decknamen nie gekriegt hätten«.

Mein Vater hatte, wie er mir selbst erzählte, als Resident einige andere Westquellen geführt. Mit dieser Aufgabe sei, so Peter, nur jemand betraut worden, der das absolute Vertrauen der HVA besaß. Er erklärte mir weiter, daß auf der Liste, die er dem BND übergeben hatte, neben den Namen der Westagenten auch Jahreszahlen gestanden hatten, die darüber Auskunft gaben, seit wann der jeweilige Westmitarbeiter für die HVA tätig gewesen war. Die fünfziger Jahre waren nicht gesondert aufgeführt, sondern unter das Jahr 1960 zusammengefaßt worden. Diese Jahreszahl stand neben dem Decknamen meines Vaters auf der Liste. Somit war zumindest diese Aussage meines Vaters wahr. Mehr Informationen konnte mir Peter nicht geben, weil er ihn nicht direkt geführt hatte. Ich fragte ihn, ob er damals mit der Charakterisierung meines Vaters als Spitzenagent nicht übertrieben habe, um sich selbst eine bessere Ausgangsposition zu verschaffen. Dies verneinte er. Natürlich sei mein Vater nicht mit Guillaume zu vergleichen, aber er habe scheinbar viele Funktionen gehabt, was für einen Westdeutschen ungewöhnlich gewesen und von der Norm abgewichen sei. Auch meine Frage, ob er Interesse habe, meinen Vater persönlich kennenzulernen, verneinte er. Einen besonderen Grund gab er nicht an.

Am Balaton angekommen, suchten wir uns ein sonniges Plätzchen. Wir gingen schwimmen, aßen zu Mittag und legten uns auf der riesigen Luftmatratze in die Sonne. In diesem ruhigen Moment überdachte ich die beiden letzten Tage. Ich betrachtete Peter als väterlichen Freund und insgesamt sachlich und realistisch. Aber rein sachlich war mein Verhältnis zu ihm wiederum auch nicht. Es war doch sehr speziell. Wenn wir spazieren-, schwimmen oder essen gingen, dann hatte ich zugleich das Gefühl, mit meiner Kindheit, vielmehr mit dem Trauma meiner Kindheit spazierenzugehen, zu schwimmen oder zu essen. Der Auslöser meines schlimmsten Kindheitserlebnisses und ich: So nahm ich ihn in Budapest wahr, und erst als ich wieder zu Hause war, spürte ich, wie sehr mich der Besuch emotional angestrengt hatte. Peter selbst ordnete mich in die töchterliche Ebene ein. Er genoß die Gespräche mit mir, und es machte ihm sichtlich Freude, über alle möglichen Dinge zu diskutieren.

Wir kamen auch auf Markus Wolf zu sprechen. Ich fragte Peter, welchen Eindruck er von ihm gewonnen habe. Peter beschrieb ihn als einen sehr intellektuellen Typ, der über ein »unglaubliches Charisma« und »kühle Intelligenz«, gepaart mit einem »Schuß Zynismus«, verfüge. Wolf habe nie gebrüllt oder sich gehenlassen. Ich wollte von ihm wissen, warum er überhaupt mit Markus Wolf in Kontakt treten wolle, ob es ihm vielleicht um eine nachträgliche Absolution gehe. Peter verneinte das, ihn beschäftige etwas anderes, das recherchiert werden müßte. Er sehe in Markus Wolf den Schlüssel zur Aufklärung des Todes von Uwe Barschel.

Barschel habe über Udo Proksch, eine schillernde Figur aus der Wiener Society-Szene, Kontakt zur sogenannten Wiener Residentur gehabt. Diese Stasi-Niederlassung habe ab 1971 agiert und die Aufgabe gehabt, miteinander verzahnte Firmen zu gründen, so daß eine Geheimdienstkolonie mit Verbindungen bis in die USA entstanden sei. Über sie sei die DDR mit Mikroelektronik und Waffenmustern versorgt worden. Der illegale Technologietransfer von West nach Ost sei auf diesem Wege abgewickelt worden. Peters Kollege Peter Bertag, mit dem er ab 1975 das Arbeitszimmer teilte, habe die Tagesarbeit der Wiener Residentur begleitet. Der gesamte Vorgang sei von Bertags und Stillers Vorgesetztem Horst Vogel beaufsichtigt worden. Die Wiener Residentur habe einen Spitzenvorgang innerhalb des Sektors Wissenschaft und Technik dargestellt.

Peter habe den Namen des Hauptakteurs Udo Proksch damals nicht gekannt, sondern nur gewußt, daß er aus der Wiener Prominentenszene stammte und ein berühmtes Feinschmeckerlokal leitete. Eine in Deutschland lebende Rechtsanwältin, deren Namen er mir mitteilte, verfüge über einen Briefwechsel zwischen Proksch und Herrhausen, aus dem hervorgehe, daß Herrhausen Proksch bei Barschel eingeführt habe. Barschel wiederum habe Proksch mit der Howaldt-Werft und deren Rüstungsproduktion in Kontakt gebracht. Peter erklärte, ihn interessiere bis heute, ob der Tod Uwe Barschels mit geheimen Waffengeschäften westlicher Staaten mit dem Ostblock in Zusammenhang stehe. Es gebe sogar neben dem Foto von Markus Wolf aus den siebziger Jahren in Schweden – mit dessen Hilfe er damals Wolf identifiziert habe – noch ein anderes Foto, auf dem auch Uwe Barschel zu sehen sei. Die Rechtsanwältin habe recherchiert, daß Barschel zu dieser Zeit tatsächlich in Stockholm gewesen war. Der BND kenne dieses Foto, habe es aber als eine CDU/CSU-nahe Behörde unter Verschluß gehalten und den Vorfall niedergeschlagen.

Auf meine Nachfragen erklärte Peter, daß er leider keinerlei Dokumente für die Untermauerung seines Berichts habe. Er verwies auf die Anwältin, zu der jedoch jeder Kontakt abgebrochen sei. Von einem Tag zum anderen habe sie nichts mehr von sich hören lassen. Peter bat mich, diese Geschichte aufzugreifen und dazu zu recherchieren.

Ich bin diesen Fragen damals nicht nachgegangen. Es wäre viel zu aufwendig gewesen, und ich wollte mich am Ende auch nicht für seine Dinge einspannen lassen.

Allerdings habe ich versucht, einen Kontakt zu Markus Wolf herzustellen. Während einer Schiffahrt auf der Spree lernte ich zufällig die Nachbarin von Markus Wolf kennen, und ich bat sie um ihre Hilfe. Sie teilte mir bald darauf mit, daß Wolf bereit sei, mich zu treffen. Ich solle nach der Vorstellung seines neuen Buches *Freunde sterben nicht*, die unmittelbar bevorstand, auf ihn zukommen. Gegenüber Peter hingegen habe Wolf sich jedoch gleichgültig gezeigt. Dieser Mann, so Wolf nach den Worten seiner Nachbarin, interessiere ihn nicht. Dies gab ich Peter weiter. Ich hatte den Eindruck, daß ihn diese Worte sehr verletzt haben.

Dennoch tat ich Peter den Gefallen und besuchte die Lesung von Markus Wolf. Sie fand im BKA-Zelt vor dem ehemaligen DDR-Staatsratsgebäude statt. Seine um Jahrzehnte jüngere Frau und einige andere Familienmitglieder saßen direkt an meinem Nebentisch. Die Art und Weise, wie Markus Wolf mit seiner Familie sprach und umging sowie deren bewundernde Blicke wiesen ihn als unumschränktes Familienoberhaupt mit patriarchalischen Zügen aus. Es war in der Tat eine anerkennenswerte Leistung, wie Wolf mit immerhin fast 80 Jahren sein Gespräch mit Bettina Böttinger äußerst konzentriert führte. Er ist bekanntermaßen nach wie vor durch und durch kommunistisch geprägt und hat den Anschluß an die heutige Zeit nicht gefunden. Das Wort »neue Bundesländer« kam ihm nur schwer über die Lippen. Er setzte die bundesrepublikanische Pressefreiheit mit den Möglichkeiten der ehemaligen DDR-Presse gleich, weil einige westdeutsche Sender ihn zwar wegen seines neuen Buches interviewt, aber diese Interviews nicht gesendet hatten. Wolf vermutete daher eine zentrale Lenkung der Presse. Viel Neues über den Themenkomplex Spionage erfuhr ich während des Abends nicht.

Nach seiner Lesung ging ich auf ihn zu, berief mich auf seine Nachbarin und stellte mich kurz vor. Markus Wolf gab mir seine Visitenkarte. Immer noch Peter zuliebe und nicht aus meinem eigenen Interesse heraus schickte ich Markus Wolf eine entsprechende E-Mail. Er hat sie nicht beantwortet. Dabei habe ich es dann belassen.

Für mich völlig unverständlich nehmen sowohl Peter als auch mein Vater Markus Wolf immer noch als Mythos und

Legende wahr. Dies offenbarte Peters verletzte Reaktion auf die Worte Wolfs, kein Interesse für ihn zu haben. Seine Betroffenheit legte seine für mich unbegreifliche Hoffnung zutage, bei seinem ehemaligen obersten Chef im nachhinein doch noch Beachtung zu finden. Angesichts der naheliegenden Vermutung, daß Markus Wolf wohl kaum ein Gnadengesuch für Peter eingelegt hätte, wenn er damals von der Staatssicherheit gefunden worden wäre, erscheint mir seine Bindung zu Wolf noch suspekter.

Auch meinen Vater habe ich durch meine Mutter von meiner Begegnung mit Markus Wolf in Kenntnis gesetzt. Meine Mutter erzählte mir, daß er es zuerst nicht geglaubt habe. Dann aber sei er puterrot geworden. Nur weil Markus Wolf mir seine Visitenkarte gegeben hatte. Ich kann mich nicht erinnern, daß mein Vater meinetwegen jemals einen derartigen Gefühlsausbruch hatte. Sein emotionaler Ausnahmezustand war allerdings nicht von langer Dauer. Mein Vater ließ mir ausrichten, daß sich ein Mann wie Markus Wolf auf keinen Fall mit kleinen Mädchen wie mir auseinandersetzen würde.

Nach all dem kam ich zu dem Entschluß, mich nicht mehr mit geheimdienstlichen Themen zu befassen. Er war auch eine Folge des letzten Abends in Budapest, den ich mit Peter und seiner Freundin verbrachte. Wir wollten den Tag mit viel Schokoladeneis auf seinem Balkon ausklingen lassen und noch einmal einige Dinge besprechen. Peter gestand, daß ihn eine Frage von mir sehr getroffen habe. Ich hätte am Vortag von ihm wissen wollen, wie er es mit seinem Gewissen vereinbare, Menschen, die er für die Westspionage angeleitet und geführt hatte, fallengelassen und ihre Existenz zerstört zu haben. Er habe darauf dieselbe Antwort wie auf der Konferenz in Berlin gegeben: Die Westmitarbeiter hätten die Gesetze aus eigenem Entschluß gebrochen. Er sei froh gewesen, daß ich diese Antwort nicht weiter hinterfragt hatte. In Wahrheit aber habe er sich diese Frage noch nie zuvor gestellt.

Er schilderte mir dann freimütig, welchen Eindruck er in den zurückliegenden Tagen von mir gewonnen hatte. Ich sei ein innerlich zerrissener Mensch, der sich zu sehr mit der Vergangenheit beschäftige und seinen inneren Frieden und seine Ruhe nicht gefunden habe. Ich müsse unbedingt nach vorn, ins Hier und Jetzt schauen. Meine Haltung gegenüber meinem Vater beurteilte er als unglaublich hart. Er fragte mich, ob ich nicht noch unglücklicher werden würde, wenn mein Vater mir auf dem Sterbebett sagte, wie sehr er mich geliebt habe. Ich solle einfach mal versuchen, auf ihn zuzugehen, ihn zum Beispiel fragen, ob er mir bei meiner Jobsuche helfen könne. Er würde sich sicherlich sehr darüber freuen. Dann fragte er mich, wie ich reagieren würde, wenn sich mein Vater bei mir für seinen Betrug an der Familie entschuldigte. Ehrlich gesagt, weiß ich das nicht, aber ich antwortete ihm, daß ich all das nicht verzeihen könne. Peter erklärte daraufhin, daß er das unmenschlich finde. Damit war das Gespräch beendet. Ich fing an zu weinen und lief nach oben.

Am nächsten Tag brachte mich Peter zum Flughafen. Wir versprachen, weiterhin in Kontakt zu bleiben, zumal ich den gewünschten Job bei der Zeitung in Budapest bekommen hatte. Da er Abschiedsszenen haßte, brachte er mich nur zum Schalter und fuhr sofort zurück nach Budapest. Es sollte ein Abschied für immer sein.

Ich hatte nach Budapest zwei Postkarten mitgebracht, auf denen der Bahnhof Friedrichstraße aus dem Jahr 1898 abgebildet ist. Jeder von uns hatte etwas auf eine Karte geschrieben, und wir hatten sie dann ausgetauscht. Im Flugzeug las ich folgenden Text:

»Bahnhof Friedrichstraße hat uns getrennt, hat unser beider Leben eine Wende gegeben und hat letztlich den Beginn unserer Freundschaft markiert, wobei der letzte Punkt der Wichtigste sein sollte. Werner Stiller al. P. Fischer«

Ich glaube ihm, daß er diese Worte in dem Moment, als er sie schrieb, ernst genommen hat. Ich glaube ihm auch, daß er tatsächlich Verantwortung für mich empfunden hat, als er dies nach der Konferenz in Berlin zu mir gesagt hat. Es existierte eine intensive Nähe zwischen uns, die er jedoch nicht in etwas Beständiges zu verwandeln verstanden hat. Diese Nähe bewirkte bei mir, daß ich auf eine normale Freundschaft hoffte, doch er wandte sich schnell wieder anderen Dingen zu. Der von einem Tag auf den anderen vollzogene Wechsel seines großen Interesses mir gegenüber in ein völliges Desinteresse offenbarte mir seine erschreckende Selbstbezogenheit, verbunden mit dem Unwillen oder der Unfähigkeit, meine Sichtweisen, die zum großen Teil nicht die seinen waren, zu verstehen und zu respektieren. Peter gehört nicht zu den Menschen, mit denen man befreundet sein kann, die sich kritischen Meinungen stellen und sie auch aushalten, geschweige denn sich damit auseinandersetzen. Des Menschen Schicksal ist sein Charakter, und Peters Charakter ist es, Berufe und Menschen nach einer gewissen Zeit rücksichtslos auszuwechseln, sobald der Reiz des Neuen dem Alltäglichen gewichen ist. So war es bei mir und bei vielen anderen Menschen, die ihm im Laufe seines Lebens begegnet sind. Von Freundschaft zwischen uns, wie er es ausdrückte, konnte daher nie die Rede sein. Ihn, der so viele und vieles berührt hat, berührt selbst im Grunde nur wenig und dann auch nur vorübergehend, bis seine Neugierde und sein Interesse befriedigt sind. Ich, die ich mich so intensiv mit ihm beschäftigt habe, hätte mir darüber im klaren sein müssen.

Es hat mir gut getan, ein Stück des Weges mit ihm zusammen zu gehen. Ich habe dadurch etwas zur mir selbst gefunden. Aber am Ende war es so, wie Karl Wilhelm Fricke es mir vorausgesagt hatte: Ich war enttäuscht, und zwar maßlos.

Edina Stiller

Ich wollte meinen Vater nicht noch einmal verlieren

Im Frühjahr des Jahres 2002 rief mein Vater eines Abends an und fragte mich, ob ich eventuell Interesse hätte, mit einer Frau in Kontakt zu treten, die während einer Veranstaltung auf ihn zugekommen sei und deren Probleme den meinen ähnelten. Es handele sich dabei um die Tochter eines Mannes, den er durch seinen Übertritt ins Gefängnis brachte und die den Wunsch geäußert habe, mit mir eine Art Gedanken- und Erfahrungsaustausch zu führen.

Im ersten Moment war ich sehr erstaunt darüber, denn es wäre für mich vorstellbarer gewesen, daß diese Frau eher einen riesigen Haß auf meinen Vater in sich trug als das Bedürfnis, mit Angehörigen des Verräters ihres Vaters in Verbindung zu treten. Ich sagte ihm das, doch er versicherte mir, daß diese Frau ohne jede Feindseligkeit auf ihn zugekommen sei und aufrichtig wünsche, mich kennenzulernen. Ich war mir dennoch unsicher und fragte ihn nach seiner Meinung. Mein Vater riet mir zu und bemerkte noch, daß es mir vielleicht helfen würde, mit meiner eigenen Vergangenheit besser fertig zu werden. Er fragte mich, ob ich damit einverstanden sei, dieser Frau meine E-Mail-Adresse mitzuteilen, und nach einigem Zögern stimmte ich zu.

Kurze Zeit darauf erhielt ich von einer mir bis dahin unbekannten Frau namens Nicole Glocke die erste Mail:

10. April 2002

Liebe Edina,

entschuldigen Sie, daß ich Sie mit Ihrem Vornamen anrede, aber ich kenne Ihren Nachnamen nicht. Ihr Vater war so nett und hat mir Ihre E-Mail-Adresse gegeben und mir gesagt, daß Sie Interesse haben, mich kennenzulernen.

Ehrlich gesagt weiß ich nicht richtig, wie ich beginnen soll: Ihr Vater hat Ihnen sicherlich erzählt, daß er meinen Vater nach seinem Übertritt 1979 enttarnt hat. Ich war damals neun Jahre alt, und für mich waren die Geschehnisse ein großer Schock. Ich habe mich aber nie damit auseinandergesetzt, bis ich vor über zwei Jahren nach Berlin gezogen bin. Das Endergebnis dieser Auseinandersetzung ist ein Artikel über Ihren Vater, weil es im Gegensatz zu meinem Vater viele Informationen über ihn gibt. Über meinen existieren keine Akten mehr, ich werde also nie erfahren, was er genau getan hat.

Ich habe im Rahmen meiner Auseinandersetzung viel über die Kinder und die Familien der Betroffenen nachgedacht, vor allem über Sie, weil unser Altersunterschied ja nur unwesentlich ist. Ich bin davon überzeugt, daß alles, was damals geschehen ist, auch für Sie sehr schwer gewesen sein muß. Mich würde daher interessieren, welche Meinung Sie zu dem Übertritt Ihres Vaters haben, wie Ihr Leben in der DDR weitergegangen ist, wie Sie umgehen mit der Tatsache, verlassen worden zu sein, und ob dies heute Auswirkungen auf Ihr Leben hat.

Ich würde mich freuen, wenn Sie sich melden. Wenn Sie Interesse haben, können Sie mich auch anrufen.

Viele Grüße
Nicole Glocke

Nicoles Offenheit und Ernsthaftigkeit ließ mich alle Bedenken vergessen, und ich antwortete ihr ohne weitere Vorbehalte.

13. April 2002

Liebe Nicole,

erst einmal wäre es mir lieber, wenn wir uns mit Du anreden würden, wenn Dir das recht ist. Ich meine, wenn ich schon jemandem etwas aus meinem Leben erzähle, möchte ich das nicht auf so unpersönlichem Wege tun. Unsere Schicksale scheinen sich in der Tat zu gleichen. Mein Vater hat mir erzählt, daß wir beide uns ähnlich sind und ungefähr dieselben Schwierigkeiten im Leben haben. Na ja, jedenfalls bin ich sehr gespannt auf Dich! Ich hoffe, es ist Dir recht, wenn wir erst einmal per E-Mail den Kontakt halten und vielleicht später telefonieren. Das Kennenlernen auf diese Art fällt mir doch etwas leichter!

Was mich ein bißchen erstaunt hat, ist, daß Du gar keinen Groll auf meinen Vater zu hegen scheinst, obwohl er damals Deinen Vater ins Gefängnis gebracht hat. Wie lange mußte Dein Vater denn im Gefängnis bleiben und wie ist Euer Kontakt heute?

Du fragtest, wie ich mit der Situation damals umgegangen bin. Aus meiner heutigen Sicht muß ich sagen: gar nicht! Obwohl ich damals »schon« sieben Jahre alt war, als mein Vater mich verlassen hat, habe ich nur wenige Erinnerungen an ihn. Ich weiß nur aus Erzählungen meiner Mutter, daß ich unwahrscheinlich gelitten und meinen Vater sehr lange sehr vermißt habe. Ich kann mich selber, wie gesagt, nicht mehr genau erinnern. Aber aufgrund meiner heutigen Probleme weiß ich, daß ich die damaligen Ereignisse für mich nur verdrängt habe (was ich auch heute noch am liebsten tue). Es ist kaum zu glauben, wie sehr uns unsere Kindheit prägt. Jedenfalls bin ich heute ein Mensch mit geringem

Selbstbewußtsein und habe zu Männern so gut wie kein Vertrauen. Wenn ich mal jemanden mag, habe ich große Verlustängste, weil ich mich selbst für wenig liebenswert halte. Es ist eigenartig, aber ich sehe mich selbst nicht ...

Das klingt zwar ziemlich unverständlich, aber vielleicht verstehst Du mich ja.

So, jetzt habe ich versucht, erst einmal einen Anfang zu machen, was mir nicht leicht gefallen ist, und hoffe sehr, daß wir unseren Kontakt vertiefen!

Bis hoffentlich bald,
Edina

In der Folgezeit schrieben wir uns nahezu täglich, und es entwickelte sich rasch eine aufrichtige Vertrautheit. Dabei wurde mir bewußt, daß ich vor der Republikflucht und dem Verrat meines Vaters nicht länger die Augen verschließen konnte.

Von Anfang an war ich erstaunt darüber, wie intensiv sich Nicole mit der Vergangenheit meines Vaters auseinandergesetzt hatte, und es war irgendwie beschämend für mich, zugeben zu müssen, daß ich über meinen eigenen Vater nicht mal annähernd soviel wußte wie sie. Ich mußte mir die Frage stellen, aus welchem Grund ich vor der Person, die Republikflucht begangen hatte und durch deren Verrat viele Familien auseinandergerissen und Kindern die Väter genommen wurden, stets die Augen verschlossen hatte. Ich kann es mir nur so erklären, daß ich ihn immer nur als Vater und nicht als Verräter sehen wollte, der er in den Augen vieler Menschen ist. Ich wollte mir nicht eingestehen müssen, die Tochter eines Mannes zu sein, der vielen Menschen Unglück gebracht hatte. Ich hatte Angst davor, nach einer Auseinandersetzung mit seiner Vergangenheit den Verräter und den Vater für mich nicht mehr trennen zu können und ihn somit endgültig zu verlieren.

Bei dieser Trennung in zwei Personen ist es dann aber doch

geblieben, obwohl ich durch die Fragen und Überlegungen von Nicole gezwungen war, mich näher mit dem Verräter zu befassen. Das fiel mir sehr schwer. Ich bemühte mich darum, ihn wie eine fremde Person zu betrachten, und mußte mir folgendes eingestehen: Selbst wenn er sich anfangs relativ unbedenklich auf dieses Doppelspiel eingelassen haben sollte, muß ihm irgendwann klar geworden sein, welche Konsequenzen es im Falle einer Enttarnung für ihn, seine Familie und andere Menschen haben würde. Er muß es gewußt haben, und vielleicht hat gerade das einen großen Teil des Reizes für ihn ausgemacht. Irgendwann war sicherlich der Zeitpunkt gekommen, zu dem es für ihn kein Zurück mehr gab, zu dem seine Verstrickung in die Sache zu groß geworden und nur noch ein Weitergehen möglich gewesen war. Doch davor muß es Momente gegeben haben, in denen ihm bewußt war, was es für ihn zu verlieren galt, nämlich seine Frau, seine Kinder, seine Freunde und auch einen großen Teil seiner Ehre und Selbstachtung und nicht zuletzt die eigene Identität.

In seinem Buch liest sich das anders, aber das gehört vermutlich zu seiner Selbsttäuschung. Danach hat ihn seine politische Überzeugung getrieben, aber die erkenne ich bei ihm nicht. Bei ihm waren es wohl eher Abenteuerlust, das Verlangen, einem festgefahrenen Familienalltag zu entkommen, und teilweise, wenn auch zweitrangig, die materielle Gier. Ja, er war ein klassischer Verräter, und ich glaube, daß mein Vater das Leid, das er dadurch für viele direkt oder indirekt heraufbeschworen hat, bis heute in seiner ganzen Tragweite nicht nur verdrängt, sondern auch wirklich nicht begriffen hat.

Auf die Frage angesprochen, ob er, wenn er noch einmal die Wahl hätte, genauso handeln würde, antwortet er stets ohne jegliche Einschränkung mit Ja. Ein großer Teil in mir glaubt ihm, der andere Teil aber sträubt sich vehement dagegen. Denn würde er die Frage mit Nein beantworten, müßte er sich eingestehen, daß er sein Leben gänzlich falsch gelebt und damit dessen Sinn unwiderruflich verfehlt hat. Wer würde dies tun? Er muß einfach in dem Glauben weiterleben, das für ihn einzig Richtige getan zu haben. Wie sonst sollte ein Mensch, und mag er noch so gewissenlos sein, mit solch einer auf sich geladenen Schuld weiterleben, wenn er sich nicht selbst belog?

Während unseres intensiven Gedankenaustausches fiel mir auf, wie sehr Nicole meinen Vater vor ihrem ersten Kennenlernen idealisiert hatte. Ich fragte mich, was sie dazu veranlaßt haben konnte, den Mann, der ihren Vater durch seinen Verrat ins Gefängnis gebracht und ihre Familie damit mehr oder weniger zerstört hatte, als eine Art Vaterfigur für sich selbst zu sehen. Sie machte nie einen Hehl daraus, daß sie der Meinung war, ihr eigener Vater sei aufgrund seiner Taten zu Recht ins Gefängnis gekommen und habe damit seine ihm zustehende Strafe erhalten. Die heftige Abneigung, die sie teilweise für ihren Vater empfand, konnte ich in jeder Beschreibung über ihn spüren. Sie fühlte sich um seine Liebe und Zuneigung betrogen, weil er weder ihr noch ihrer Schwester jemals ein richtiger Vater gewesen war, sondern ein Eigenbrötler, für den nach dem Verrat meines Vaters eine Welt zusammengebrochen war und der bis heute nicht in der Lage ist, sich mit seinen eigenen Taten kritisch auseinanderzusetzen und sich die eigene Schuld einzugestehen. Die Widersprüchlichkeit ihres Denkens äußert sich für mich darin, daß sie einerseits bei ihren Nachforschungen über die Vergangenheit meines Vaters ein sehr objektives Bild von ihm erstellte und andererseits, die Augen vor diesem Bild verschließend, für sich eine Traumwelt schuf, in der sie ihn idealisierte. Ich bin zu dem Schluß gekommen, daß sie genau wie ich eine Fluchtmöglichkeit gesucht hat, nur auf weniger selbstzerstörerische Weise. Mein Vater hatte ihr während ihrer ersten Zusammenkunft gesagt, daß er sich irgendwie für sie verantwortlich fühle und sie als eine Art Tochter ansehe, eine Aussage, die man nur richtig beurteilen kann, wenn man ihn kennt. Sie hat sich an diese Aussage wie an einen Strohhalm geklammert, und ich wußte, auch wenn das wenig schmeichelhaft für meinen Vater ist, daß sie früher oder später enttäuscht sein würde. Da ihr eigener Vater ihr nie ein wirklicher Vater war, gab sie sich der Vorstellung hin, daß mein Vater für sie Verantwortung übernehmen würde, obwohl sie bereits erkannt hatte, daß er dazu nicht einmal bei seinen eigenen Kindern in der Lage war.

Von ihrem Besuch bei meinem Vater in Budapest war Nicole aufrichtig begeistert und berichtete mir nach ihrer Rückkehr, daß sie sich in den Gesprächen sehr nahe gekommen sind. Ich kannte Nicole inzwischen gut genug, um zu wissen, daß ihre Vorstellungen von Nähe und Freundschaft nicht im geringsten mit denen meines Vaters übereinstimmten. Ich wußte, daß er sehr schnell zu begeistern war, diese Begeisterung aber selten lange anhielt. Der endgültige Kontaktabbruch seitens meines Vaters war dann auch eine große Enttäuschung für sie, und sie fühlte sich in gewisser Weise von ihm betrogen.

In unseren E-Mails setzten wir uns nicht nur mit der Vergangenheit unserer Väter, sondern auch mit unseren Müttern auseinander. So verglichen wir beispielsweise ihre Reaktionen auf den Verrat ihrer Männer und ihre Auseinandersetzung damit, wobei sich herausstellte, wie unterschiedlich Menschen auf schmerzliche Erfahrungen reagieren. Während meine Mutter nach dem Ende der DDR offen und ohne jede Scham darüber sprach, vermochte es Nicoles Mutter offenbar bis heute nicht, sich zu klarzumachen, daß sie für das Tun ihres Mannes in keiner Weise verantwortlich war und sich dessen auch nicht zu schämen brauchte. Allerdings hatte sie sich auch niemals offen von ihm distanziert. So konnte ich mir aber erklären, warum Nicole mich anfangs immer wieder fragte, ob ich sie für die Taten ihres Vaters verachten und unseren Kontakt deswegen abbrechen würde. Ich sagte ihr deutlich, daß sie diese Frage genau an die falsche Person richtete. Weshalb sollte irgend jemand auf die Idee kommen, sie oder ihre Familie für die Taten ihres Vaters mitverantwortlich zu machen? Wenn jemand tatsächlich so dächte, wäre es eine Auseinandersetzung mit ihm nicht wert.

Wie ich hat Nicole große Schwierigkeiten, den richtigen Partner zu finden. Auch ihre Wahl fiel fast immer auf Männer, die in ihrem Egoismus und der Unfähigkeit zu offenen und dauerhaften Gefühlen unseren Vätern gleichen, als ob wir den Kampf um die Liebe unserer Väter bei ihnen fortzusetzen suchten. Obwohl das von vornherein aussichtslos ist, geben wir uns dem Irrglauben hin, die Liebe eines solchen Mannes für uns gewinnen zu können und mit ihm glücklich zu werden.

Dabei lebt Nicole meines Erachtens noch viel zu sehr in der Vergangenheit und hat beinahe größere Probleme als ich, mit ihr fertig zu werden, vielleicht auch, weil sie die Auseinandersetzung mit ihr intensiver führt, als es bei mir der Fall war und ist. Daß es nicht einfach ist, mit all dem umzugehen und endgültig abzuschließen, weiß ich aus eigener Erfahrung, aber ich versuche mir dabei vor Augen zu halten, daß wir nicht die einzigen Menschen sind, die in ihrer Kindheit Schweres durchmachen mußten. Aus Erzählungen meines Vaters weiß ich, daß auch sein leiblicher Vater ihm nie ein wirklicher Vater war und seine Mutter aufgrund der Nachkriegszeit andere Probleme hatte, als sich meinem Vater in der erforderlichen Art und Weise zuzuwenden. Er hatte seine Kämpfe von Kindheit an allein ausfechten müssen, und ich habe nicht ein einziges Mal gehört, daß er sich darüber beschwert oder sein späteres Tun damit gerechtfertigt hätte. Ab einem bestimmten Alter ist jeder Mensch für sein Handeln selbst verantwortlich. Wir werden zwar durch die Kindheit geprägt, aber wir müssen versuchen, die uns quälenden Erinnerungen und Erfahrungen als etwas Vergangenes zu betrachten und daraus für die Zukunft zu lernen, auch wenn ich es für mich selbst wohl noch nicht ganz geschafft habe.

Nicole war es, die als erste auf die Idee kam, unsere mittlerweile entstandene Mail-Freundschaft durch ein Kennenlernen abzurunden. Ich weiß nicht warum, aber anfangs gefiel mir der Gedanke wenig. Ich hatte sie in unserem intensiven Brief-wechsel sehr liebgewonnen und fürchtete vielleicht, daß wir bei einem Kennenlernen feststellen könnten, trotz vieler ge-meinsamer Meinungen und Ansichten grundverschieden zu sein, und daß diese Erkenntnis das Ende unseres Kontaktes bedeuten könnte. Ich schrieb ihr aufrichtig, daß ich noch nicht so weit sei, und sie akzeptierte das sofort, gab mir aber ihre Telefonnummer und überließ es mir, den Zeitpunkt eines Telefonates zu bestimmen.

Mehr aus einer Laune heraus rief ich eines Abends bei ihr an. Sie meldete sich mit einer Stimme, die eher der eines Kin-des als der einer erwachsenen Frau glich, und nachdem sich ihre Überraschung gelegt hatte, redete sie ohne Punkt und Komma, und es machte Spaß, ihr zuzuhören. Ab und zu un-ternahm ich den Versuch, ihren Redeschwall zu stoppen, um meinerseits zu Wort zu kommen, dann entschuldigte sie sich jedesmal sofort und sagte, das sei ein für sie typisches Verhal-ten. Am Ende des Telefonates verabredeten wir dann doch ein Treffen, und nun freute ich mich darauf.

Die Nacht vor meinem Besuch bei Nicole habe ich vor Auf-regung fast kein Auge zugetan. Als der Zug in den Berliner Bahnhof einfuhr, hielt ich gespannt Ausschau nach einer klei-nen Frau mit einem blauen Fahrrad, wie sie sich beschrie-ben hatte. Sie stand ganz am Ende des Bahnsteiges, und mit einem Lächeln gaben wir uns unser gegenseitiges Erkennen zu verstehen. Ich hatte mir ein völlig anderes Bild von ihr ge-macht, und es fiel mir nicht leicht, diese erwachsen wirkende Frau sofort mit der am Telefon gehörten kindlichen Stimme in Übereinstimmung zu bringen. Doch ihre braunen, etwas spitzbübisch dreinblickenden Augen strahlten mir mit solcher Herzlichkeit entgegen, daß sie mir auf Anhieb sympathisch war und ich keinerlei Berührungsängste verspürte.

Wir kauften Eis und liefen dann zu ihr nach Hause. Dort beneidete ich sie sofort um ihren wunderbaren Ausblick auf den See. Ihre Wohnung, nicht größer als meine eigene, war trotz oder gerade wegen der sympathischen Unordnung sehr gemütlich. Ich fühlte mich von Anfang an wohl.

Wegen des schönen Wetters gingen wir schwimmen und unterhielten uns dabei ohne Unterlaß. Dabei fiel mir auf, daß Nicole unvermittelt von einem Thema zum anderen sprang, eine Eigenart, die mir oft von meinen Freunden nachgesagt wird. Nun selbst damit konfrontiert, hatte ich teilweise Mühe, ihren Gedankensprüngen zu folgen. Nach der ersten Schwimmrunde sahen wir uns gemeinsam Fotos unserer Familien an. Besonders beeindruckt war sie von der Schönheit meiner Mutter in ihrer Jugend. Soweit ich weiß, waren beinahe alle Frauen, mit denen sich mein Vater eingelassen hatte, sehr schön und etwas Besonderes.

Bei dem ersten Bild von Nicoles Vater, das ich zu Gesicht bekam, scheute ich mich, ihr gegenüber meinen Eindruck offen zu äußern. Er wirkte griesgrämig und verbittert. Ihre Mutter dagegen hatte in ihrer Jugend ebenfalls sehr hübsch ausgesehen, wirkte heute aber verhärmt und wenig selbstbewußt.

Wir redeten bis spät in die Nacht. Ich hatte geglaubt, sie schon gut zu kennen, und war doch überrascht, wie verloren sie im Verlauf unserer Begegnung auf mich wirkte. Dem Eindruck der Reife, den man bei ihrem Anblick gewinnen mußte, standen ihre große Verletzlichkeit und ihre sich mir offenbarende Orientierungslosigkeit entgegen. Sehr beeindruckend fand ich erneut ihre uneingeschränkte Offenheit und ihre Art, die Dinge beim Namen zu nennen. Wenn sie mit mir nicht einer Meinung war, gab sie mir das unumwunden zu verstehen, ohne dabei verletzend zu sein.

Für den nächsten Tag nahmen wir uns auf meine Bitte hin vor, den Sterndamm, mein früheres Zuhause in Johannisthal, zu besuchen. Ich hatte mich schon die ganze Zeit darauf gefreut und mich gefragt, welche Empfindungen und Erinnerungen dieser Besuch bei mir hervorrufen oder ob ich vielleicht überhaupt nichts verspüren würde.

Leider regnete es an diesem Tag in Strömen, was mir meine

Vorfreude aber nicht nehmen konnte. Ich war Nicole dankbar dafür, daß sie sich bei diesem Wetter mit mir auf den Weg machte. Dabei kam sie sogar noch auf die Idee, mir die Stelle im Bahnhof Friedrichstraße zu zeigen, an der mein Vater übergetreten war. Als ich dort stand, versuchte ich mich in die Empfindungen und Gedanken meines Vaters kurz vor seinem Übertritt hineinzuversetzen. Es muß beängstigend, aber auch sehr aufregend für ihn gewesen sein, sein altes Leben mit allem, was ihm bis dahin wichtig gewesen war, zu verlassen und in eine mehr oder weniger ungewisse Zukunft zu fahren.

Danach zeigte mir Nicole noch die Wohnung, die ihr Vater bei seinen konspirativen Treffen mit der Staatssicherheit benutzt hatte, und dann fuhren wir zum Sterndamm. Hätten wir uns nicht an den Hausnummern orientiert, wäre ich leicht an meinem früheren Zuhause vorbeigelaufen. Als wir schließlich vor dem Block standen, fühlte ich als erstes eine leichte Enttäuschung in mir aufsteigen. Der gesamte Wohnblock war inzwischen renoviert worden, und es fiel mir schwer, an ihm etwas Vertrautes zu erkennen. Wir lasen die Namen auf den Schildern in der Hoffnung, irgendeiner würde eine Erinnerung bei mir hervorrufen, aber mir waren alle unbekannt.

Nicole bat mich, ihr die Wohnung zu zeigen, in der wir damals gewohnt hatten, und wir betraten den Hausflur. Über das Namensschild, das nunmehr die Tür zu unserer damaligen Wohnung zierte, schütteten wir uns fast aus vor Lachen. Da stand tatsächlich der Name Fischer. Wir überlegten, ob wir klingeln sollten, um uns die Wohnung eventuell einmal anschauen zu dürfen. Zudem hätte ich gern erfahren, wer sich hinter dem Namen Fischer verbarg. Doch mir fehlte der Mut, und ich machte auf dem Absatz kehrt, um das Haus wieder zu verlassen. Nicole jedoch holte mich zurück und klingelte an der Wohnungstür. Ich hörte mein Herz in freudiger Erwartung bis zum Halse schlagen, aber niemand öffnete. Eine schon ziemlich betagte Dame ging an uns vorbei, und Nicole fragte sie, wer denn dort wohne, und erklärte ihr den Grund für unsere Nachfrage. Ihrem Blick nach zu urteilen, konnte sie den Ausführungen von Nicole nicht ganz folgen, aber wir erfuhren wenigstens, daß eine alleinstehende Frau über 30 die Wohnung gemietet hatte.

Ein Name war mir einige Hauseingänge zuvor dennoch aufgefallen. Bei Liebchen handelte es sich um ein älteres Ehepaar, zu dem meine Eltern zur damaligen Zeit relativ guten Kontakt hatten. Wir klingelten und hofften, diesmal mehr Glück zu haben, wurden aber wieder enttäuscht. Das einzige, das noch genauso aussah wie zu der Zeit, als wir dort gewohnt hatten, war der Müllplatz. Ich versuchte mich noch einmal in die Rolle des Kindes hineinzudenken, das hier gespielt hatte, aber es wollte mir nicht gelingen.

Nicole Glocke

Wir müssen ohne die Väter
unser wahres Leben finden

Wie immer ich auch zu Peter Fischer alias Werner Stiller stehen mochte: Er hielt damals sein Versprechen und vermittelte den Kontakt zwischen seiner Tochter Edina und mir.

Als er mir nach der Berliner Konferenz ihre E-Mail-Adresse mitteilte, gab er offen zu, daß er dabei gemischte Gefühle habe. Nicht weil er, so schrieb er, »schlecht wegkommen könnte«, sondern weil er als Resultat noch größere Probleme befürchte. Aber er vertraue darauf, daß wir erwachsene Frauen und daher fähig seien, selbst zu entscheiden, wie wir uns mit welchen Fragen auseinandersetzten.

Der rückhaltlose Gedankenaustausch mit Edina führte zu einer engen Freundschaft und hat mir bei meiner Auseinandersetzung mit der Vergangenheit sehr geholfen. Er zeigte einerseits einige Parallelen in unseren Lebensläufen auf, andererseits machte er aber auch deutlich, wie verschiedenartig wir waren. Der größte Unterschied zwischen uns bestand darin, daß Edina sich eher mit der menschlich-psychologischen Dimension des Verratsfalles befaßte, während ich mich auf die politisch-historischen Aspekte konzentrierte. Das bemerkten wir bereits nach der ersten Kontaktaufnahme. Diese unterschiedliche Betrachtungsweise erwies sich als Vorteil für uns, denn so konnten wir einander bei dem Austausch unserer Erfahrungen und Überlegungen gut ergänzen.

Bei unserer ersten Begegnung in Berlin fühlte ich mich sofort mit Edina vertraut. Überrascht war ich nur von ihren blonden Haaren. Ich hatte mir vorgestellt, sie seien schwarz. Dennoch erkannte ich sie sofort. Sie hatte dieselben intensiv strahlenden Augen wie ihre Mutter, von der ich bereits Fotos gesehen hatte. Edina ließ mich zunächst reden. Mir schien, daß sie ein wenig aufgeregt war. Erst allmählich wich ihre anfängliche Zurückhaltung.

Wir redeten und redeten, und Edina wurde zunehmend offener und lustiger. Sie fühlte sich ganz offensichtlich bei mir frei. Gleichzeitig glaubte ich zu spüren, daß sie in ihrem Leben keine wirkliche Bezugsperson hatte, keinen Menschen, der ihr Halt gab. Von ihrem Vater wußte ich, daß er ihren Bruder Edina vorzog, weil er sich in seinem Sohn wiedererkannte. Er war unglaublich stolz auf ihn und gab zu, daß sein Vertrauen in Edinas Leistungsfähigkeit geringer sei und er außerdem glaube, daß mit einer Tochter generell keine so enge Beziehung möglich ist. Das ist meiner Meinung nach eine der grausamsten Verletzungen, die ein Vater seinem Kind zufügen kann: ihm Zweitklassigkeit zu vermitteln.

Ich erzählte Edina, daß auch mein Vater mir wenig Anerkennung aussprach und meine wissenschaftliche Mitarbeit bei einer Bundestagsabgeordneten als »Tippse« charakterisierte. Wir waren uns einig darin, daß unsere Väter gar kein moralisches Recht besitzen, uns zu kritisieren oder uns gar ihr Lebensbild aufzuzwingen, denn sie sind uns Kindern keine Vorbilder gewesen und haben uns bisher keinen Orientierungsrahmen geboten. Wir haben sie nie als geheimnisvolle Agenten, als mythische Figuren wahrgenommen. Für uns – und das ist das Entscheidende – sind sie in erster Linie Väter, und zwar sehr schlechte. Mir ist es daher egal, ob sie mit unserer Lebensgestaltung einverstanden sind oder nicht.

Vor Edinas Rückreise besuchten wir noch ihre frühere Wohnung im Sterndamm. Als wir vor dem Wohnhaus standen, stellte ich mir vor, wie Peter an jenem Januartag früh am Mor gen seine Wohnung verlassen hatte, und verglich sie mit unserer im fernen Ruhrgebiet, die durch ihn kurze Zeit später in den Mittelpunkt des polizeilichen Interesses geraten sollte. Während Edinas Wohnung am dicht befahrenen, breiten Sterndamm lag, befand sich unsere an einer ruhigen Straße im Grünen mit wenig Verkehr. Ihre schien wesentlich kleiner gewesen zu sein als unsere. Eine Gemeinsamkeit gab es dennoch: Beide Wohnungen lagen im Erdgeschoß. Sowohl die Mitarbeiter der Staatssicherheit als auch die Beamten vom LKA und vom BKA brauchten damals keine Treppen zu steigen.

Ich hatte das Gefühl, als ob sich mir mit dem Haus, vor dem ich stand, eine Parallelwelt auftat. Die Umgebung war mir völlig unbekannt, aber dort war dasselbe geschehen wie bei mir zu Hause: In eine weitgehend unbeschwerte Atmosphäre hinein schellten fremde Männer und zerstörten mit ihrer Botschaft die bisherige Sorglosigkeit und Unbeschwertheit unserer Kindheit. Edinas Mutter lag in diesem Augenblick in der Badewanne. Meine Mutter trug einen Bademantel. Ich frühstückte, während sich Edina mit ihren Spielsachen beschäftigte. Edinas Mutter fiel in Ohnmacht, meine rang mühsam um Fassung. Wir alle taten den fremden Eindringlingen leid. Sowohl die Mitarbeiter der Staatssicherheit als auch die Beamten vom LKA suchten uns später hin und wieder auf und bekundeten ihr Mitgefühl. Und alles nur, weil zwei Männer ausschließlich an sich gedacht hatten.

Edina und ich erlebten dasselbe Trauma in einer unterschiedlichen Welt, an zwei verschiedenen Orten, die damals unendlich weit entfernt voneinander waren, ohne daß auch nur im geringsten die Hoffnung bestand, daß die Grenzen fallen und wir uns jemals kennenlernen könnten. Und trotz der gewaltigen Trennlinie – es war dasselbe Gefühl der Ohnmacht.

Als wir uns am Bahnhof voneinander verabschiedeten, fühlte jede von uns eine bleierne Müdigkeit. Ich schleppte mich regelrecht nach Hause und legte mich sofort ins Bett.

Edina berichtete mir, daß es ihr genauso ergangen war. Beide fühlten wir uns am nächsten Morgen wie zerschlagen. Wir konnten uns unsere Erschöpfung nur so erklären, daß wir unbewußt sehr gespannt aufeinander waren und diese Anspannung uns unsere Energie geraubt hatte. Doch beide freuten wir uns bereits auf ein Wiedersehen.

Es gibt kein normales Leben, es gibt nur das Leben, heißt es in dem Western *Tombstone*. Edina und ich können nicht beurteilen, ob dies stimmt. Unser Leben ist verknüpft mit einer Welt, die heute nicht mehr existiert und die geprägt war vom Ost-West-Konflikt und der geheimdienstlichen Dimension des Kalten Krieges. Die Grenzen zwischen den Systemen sind mittlerweile gefallen, aber in den Köpfen unserer Vätergeneration bestehen sie weiter, wobei es der »Westvater« ist, der an den kommunistischen Idealen festhält, während der »Ostvater« die kapitalistische Marktwirtschaft vertritt. So symbolisieren sie bis zum heutigen Tag die sich noch immer befehdenden Kräfte der ehemaligen Fronten.

Unsere Väter waren Akteure in dieser Konfrontation, und wir Töchter haben den Konflikt zwischen ihnen und den Zwiespalt dieser Welt bereits am Anfang unseres Lebens schmerzhaft erfahren müssen. Sie haben uns verlassen und getäuscht, unsere sorglose Kindheit zerstört. Das hat unser Leben bestimmt, das ist unser Erbe.

Was bleibt? Eigentlich nur die Erkenntnis, daß nicht nur der Tod endgültig ist. Ein Zurück in die Unbekümmertheit gibt es nicht. Die Vergangenheit können wir nicht mehr ändern, sie ist vorbei. Für uns zählt jetzt die Gegenwart. Wir müssen ohne die Väter unser wahres Leben finden.

Nachwort

Seit dem Erscheinen von »Verratene Kinder« sind über zehn Jahre vergangen, eine lange Zeit, in der wir – die Autorinnen – unterschiedliche Wege in unseren Beziehungen zum jeweiligen Vater gegangen sind. Eines haben wir jedoch bei all unserer Verschiedenheit gemeinsam: Uns ist es gelungen, das Erbe der Vergangenheit, also die durch die Spionage unserer Väter verursachten Probleme, die uns geprägt haben und mit denen wir immer noch irgendwie leben müssen, weitgehend abzuschütteln. Für Edina erwies sich dieser Weg als schwieriger und sehr schmerzhaft, weil sie nach vielen Versuchen einer Annäherung an ihren Vater erkennen musste, dass er keinerlei Interesse an ihr hat. »Aus einigen Kämpfen im Leben«, schrieb sie mir, »geht man immer als Verlierer und mit noch mehr Narben auf der Seele hervor, so dass ein Weiterkämpfen einfach keinen Sinn mehr macht – schon allein aus Gründen des reinen Selbstschutzes. Es fällt mir sehr schwer zu akzeptieren, dass es tatsächlich Menschen wie meinen Vater gibt, die komplett egoistisch und gewissenlos durch ihr Leben gehen, ausschließlich auf ihren eigenen Vorteil bedacht sind und denen Familie und damit das Wohl sogar ihrer engsten Angehörigen völlig gleichgültig sind. Deshalb und um mich vor weiteren Zurückweisungen und Verletzungen zu schützen, habe ich den Kontakt zu meinem Vater endgültig abgebrochen. Ein Zurück gibt es nicht mehr.« Zweifellos eine zwar notwendige und mutige, aber dennoch bittere Entscheidung.

Glücklicherweise entwickelte sich bei mir das Verhältnis zu meinem Vater in entgegengesetzter Richtung. Dazu trug unter anderem seltsamerweise auch der langjährige DDR-Spionagechef Markus Wolf bei, der nach der Veröffentlichung von »Verratene Kinder« Anfang 2004 zunächst auf mich und später auch auf Edina zugegangen ist und sogar eine Lesung mit uns in der Friedrich-Wolf-Gedenkstätte in Lehnitz veranstaltet hat.

Während unserer Gespräche bis zu seinem Tod im November 2006, die im demnächst erscheinenden Buch »Im geheimen Krieg der Spionage: Markus Wolf (HV A) und Hans-Georg Wieck (BND) – Zwei biografische Porträts« von mir (zusammen mit Peter Jochen Winters) erstmals vollständig veröffentlicht werden, unterstützte er mich dabei, zu einer gelasseneren Haltung gegenüber meinem Vater zu finden, Vergangenes ruhen zu lassen und dadurch einen Versöhnungsprozess einzuleiten. Mein Vater ist darauf eingegangen und hat sich – auch aufgrund seiner Krebserkrankung, der er 2011 erlag, in seinen letzten Wochen die Frage gestellt, wofür er gelebt und was er mit seiner Zeit auf Erden getan hat. Kurz vor seinem Tod kam er zu dem Schluss, dass sich seine Spionagetätigkeit nicht gelohnt habe. Wenn er die autoritären Verhältnisse in der DDR gekannt hätte, sagte er, wäre er niemals bereit gewesen für den DDR-Geheimdienst zu arbeiten. Und: Ausgerechnet auf dem Werbeblatt von »Verratene Kinder«, das vor über zehn Jahren im Vorfeld der Veröffentlichung erschien, hatte er notiert, wie er beerdigt werden wollte. So wünschte er sich statt einer roten Fahne ein Kreuz auf seinem Sarg und sprach sich zudem nicht gegen eine christliche Beerdigung aus, die dann auch erfolgt ist. An seinen sozialistischen Überzeugungen hat er festgehalten, allerdings nicht mehr im kommunistischen Sinn, sondern im Zusammenhang mit demokratischen Vorstellungen und einer größeren sozialen Gerechtigkeit und Solidarität.

Ich bin froh, dass wir in Frieden auseinander gegangen sind. Dennoch bleibt ein Kritikpunkt bestehen: Mein Vater hat sich bis zuletzt geweigert, die im Buch nachzulesenden Auskünfte über seine geheimdienstliche Arbeit zu vervollständigen. Wesentliche Punkte, etwa wie, wann, wo und über wen der Kontakt mit den HV A-Offizieren zustande kam, lassen sich deshalb leider nicht mehr rekonstruieren. Zwar haben Mitarbeiter der Stasi-Unterlagenbehörde nach dem Erscheinen des Buches Akten aus den Jahren 1963 bis 1965 gefunden, in die ich 2004 Einsicht nehmen konnte, doch sind sie bezüglich der oben genannten Fragen unergiebig. Sie enthalten hauptsächlich allgemein gehaltene Treffberichte. Interessant waren nur die Angaben über die Informationen, die mein Vater – zu jener Zeit Student – geliefert hatte, und einige Einschätzungen seiner Führungsoffiziere über ihn.

Das Urteil des Oberlandesgerichts Düsseldorf vom 24. März 1980, das ich ebenfalls erst nach der Veröffentlichung des Buches dank des Engagements von Christoph Links erhalten habe, bestätigte nur meinen Kenntnisstand, weil das Gericht den Beginn der Spionagetätigkeit meines Vaters aufgrund seiner Unkenntnis der Akten nicht ermitteln konnte. Es ging davon aus, dass er spätestens ab Januar 1978 geheimdienstlich tätig wurde, obwohl er laut eigener Aussage bereits seit den fünfziger Jahren für das MfS arbeitete. Somit hat das Gericht das gesamte Ausmaß seiner Agententätigkeit noch nicht einmal ansatzweise erkannt – zum Glück für meinen Vater, denn dann wäre er wesentlich härter bestraft worden.

Das »System zur Informationsrecherche der HV A« (SIRA), mit dem die HV A-Mitarbeiter zwischen 1969 und 1989 knappe Basisinformationen elektronisch gespeichert hatten, gibt am meisten Aufschluss über die Spionagetätigkeit meines Vaters. Der langjährige wissenschaftliche Mitarbeiter Helmut Müller-Enbergs von der Stasi-Unterlagenbehörde hat die wichtigsten Aspekte in einem Aufsatz zusammengefasst: In »SIRA« wird nicht nur der Vorgang »Bronze« (der Deckname meines Vaters) erwähnt, sondern auch alle »Titel jener Informationen«, die an den Führungsoffizier gingen. Von diesen Meldungen sind 43 erhalten geblieben – genug, um laut Müller-Enbergs ein nachrichtendienstliches Profil zu erstellen und die Qualität des Agenten zu bestimmen. Demnach konnte mein Vater Informationen aus dem Vorstand und dem Aufsichtsrat von RWE liefern, darunter solche zur Einflussnahme auf politische Entscheidungen, weiterhin Materialien zur Kernenergie und nukleare Programme in Jülich sowie politische Papiere aus der NRW-CDU. Seine Abnehmer waren unter anderem das Zentralinstitut für Kernforschung in Rossendorf, das VE Kombinat Braunkohlenkraftwerk in Jänschwalde und das Ministerium für Kohle und Energie in Ost-Berlin. In drei Fällen wurden seine Informationen der politischen Führung der DDR zugeleitet. Dabei handelte es sich um die Arbeit mit Kernkraftwerken im Kriegsfall, die Uranversorgungspolitik in der Bundesrepublik und der Bau des nuklearen Entsorgungszentrums in Gorleben.

Auch der sowjetische Partnerdienst KGB zeigte verstärkt Interesse an den Berichten meines Vaters. Seit 1977 erhielt er Kopien der Dokumente, die mein Vater geliefert hatte. Die osteuropäischen Nachrichtendienste in Bulgarien und der Tschechoslowakei gehörten – wie es mir mein Vater auch erzählt hatte – ebenfalls zu den Abnehmern. Will heißen: Zum Zeitpunkt des Übertritts von Werner Stiller war mein Vater auf dem Weg, eine Spitzenquelle zu werden. Die HV A-Offiziere schlossen jedoch bereits seine Akte, als er noch seine Haftstrafe absaß.

Nach abschließenden Überlegungen bin ich zu dem Schluss gekommen, dass ich mich weder auf die Suche nach Werner Stiller begeben noch an einem Buch über mich und meine Familiengeschichte beteiligt hätte, wenn mein Vater auf meine Fragen eingegangen wäre. Dennoch ist es gut, dass es diese Publikation gibt, denn die Arbeit daran hat mir in anderer Hinsicht etwas viel Wichtigeres verdeutlicht: Meine Freude am Schreiben, verbunden mit der Hoffnung, künftig in erster

Linie über andere Themen und nicht allein als Tochter eines Agenten wahrgenommen zu werden und das Schicksal jener zu erleiden, die ihr Leben lang ihre Kindheits- und Jugenderfahrungen nicht loslassen können.

Nicole Glocke mit Edina Stiller (verh. Gade)
im Februar 2014

Zu den Autorinnen

Nicole Glocke

geboren 1969 in Bochum, Studium der Geschichte und Politikwissenschaft, 1997 Promotion, 1998–2002 wissenschaftliche Mitarbeiterin im Bundestag, danach Arbeit als freie Autorin; lebt in Berlin.

Edina Stiller

geboren 1971 in Berlin, Ausbildung zur Fernsprech- und Fernschreibtechnikerin, 1989 Eintritt in die Nationale Volksarmee der DDR, 1990 Übernahme durch die Bundeswehr als Zivilangestellte, 1998/99 Umschulung zur Rechtsanwalts- und Notarfachangestellten; danach Arbeit in einer Kanzlei, lebt bei Berlin.